个人品牌影响力

薇安　碧云　陈韵棋　主编

新女性创造社

PERSONAL BRAND
INFLUENCE

华中科技大学出版社
http://press.hust.edu.cn
中国·武汉

图书在版编目(CIP)数据

个人品牌影响力/薇安,碧云,陈韵棋主编. —武汉:华中科技大学出版社,2022.12
ISBN 978-7-5680-8871-8

Ⅰ.①个… Ⅱ.①薇… ②碧… ③陈… Ⅲ.①品牌-企业管理 Ⅳ.①F273.2

中国版本图书馆 CIP 数据核字(2022)第 200747 号

个人品牌影响力
Geren Pinpai Yingxiangli

薇安 碧云 陈韵棋 主编

策划编辑:沈 柳	
责任编辑:沈 柳	
装帧设计:琥珀视觉	
责任校对:张会军	
责任监印:朱 玢	
出版发行:华中科技大学出版社(中国·武汉)	电话:(027)81321913
武汉市东湖新技术开发区华工科技园	邮编:430223
录　　排:武汉蓝色匠心图文设计有限公司	
印　　刷:湖北新华印务有限公司	
开　　本:710mm×1000mm　1/16	
印　　张:18	
字　　数:266 千字	
版　　次:2022 年 12 月第 1 版第 1 次印刷	
定　　价:50.00 元	

本书若有印装质量问题,请向出版社营销中心调换
全国免费服务热线:400-6679-118　　竭诚为您服务
版权所有　侵权必究

序言

2012年8月23日,微信公众号平台注册页面上的口号——"再小的个体,也有自己的品牌"催生了一批个人品牌创业者。10年过去了,有人越做越好,做出了更大的事业;有人走下坡路,直至销声匿迹。

在疫情时代和后疫情时代,随着众多企业倒闭或裁员,人们纷纷开始寻找出路,于是,又迎来了新一轮个人品牌的疯狂生长,正如润米咨询创始人刘润老师在2021《进化的力量》年度演讲中所说:"这个世界在哪里被撕裂,就会在哪里迎来一轮疯狂生长。"

本书将从**砥砺深耕、升级思维、极致利他和抱团成长**这4个方面来阐述19位女性创业者如何打造自己的个人品牌影响力、实现自己的梦想,并做到价值倍增。

砥砺深耕,笃行致远

每个人都是一个产品,需要经过长期的深耕和不断打磨,才有可能成就自己的品牌;也只有真正的热爱,才能笃行致远。

碧云能够成为个人品牌创业导师,源自她在一个世界500强企业的15年销售经验和8年的创业经验;声音教练鲍晶晶,从初中二年级开始学习播音主持,大学未毕业就进入广播电视台工作;新商业财富汇联合创始人向丽丽,从服装公司的销售到跻身公司的核心管理层,积累了十几年的销售经验;爆品打造专家T姐,从青涩、懵懂的毕业生,做到连马化腾等公司领导都称赞的产品总监,用了近10年;人力实战导师犹红,从一个小文员到人力资源总监,从一个"边缘人"到最终赢得老板的深度认可,她付出了常人无法想象的努力。

没有人的成长是瞬间的惊天动地,都是厚积薄发的结果。

升级思维,破圈成长

爱因斯坦曾说:"一个层次的问题,很难靠这个层次的思考来解决。"如果长期的努力并没有得到很好的反馈,那不妨换个层次来思考,升级自己的思维,也许就能找到破圈成长的方法。

作为90后的语浠,曾是一个世界500强公司10万员工中唯一的女销售,遇到薇安老师以后,她发现人生自我价值的实现,不仅仅局限于职场,还可以开启事业的第二赛道;营销文案导师许可,曾差点面临截肢的绝境,创业跌入谷底,奋力挣扎37年,加入新的圈子后,实现事业升级;千亿级上市国企管理精英北炜,8年的努力没有换来晋升,却通过破圈学习换来了职场晋升、副业开花;跨国银行最年轻的风险副总裁佐伊,破圈学习,改变思维和迭代认知,活出了高价值的人生;股权律师徐丹,转变思维模式,开启线上营销,成功塑造专业形象;少儿学习力导师尹娟,曾是月薪500元的幼师,创业受挫,学习营销思维后,1个月创收2.6万元。

也许她们只是个别领域的成长案例,但不妨碍我们打开思路,从中得到启发。

极致利他,永葆梦想

稻盛和夫先生将"人间正道"作为决策的标准。他说,什么时候人的内心会充满纯净、极致的幸福感呢?绝不是私利私欲获得满足的那一刻,而是利他行为开花结果的时刻。

莎莎曾是一名重度鼻炎患者,一次偶然的机会,她被一位老中医用方子治愈,为了帮助更多人,她买断了配方,组建了生产线和专业的中医团队,让更多鼻炎患者受益;勤兴道做了33年神经科疾病的康复治疗师,看到很多因为身体疼痛而受折磨的人,她决定成为贴扎师,帮助10万多个家庭;前体制内处级公务员王小源,辞去9年的工作,投身于中医领域,不变的是她的"为民情怀";林丽丽有灵敏的嗅觉,在疫情暴发之前,她成功转型线上营销,看到生意失败或者失业的人,她希望能帮助他们走出困境。

极致利他,才能到达成功的彼岸。

抱团成长，价值倍增

亚历山大曾经问过他的老师亚里士多德："一是多少？"看似很简单的问题，亚里士多德思考了一天后，回答他："一可以是很多。"是的，"一"不仅仅代表"一个人"，还可以是"一群人"。现在靠单打独斗已经很难获得成功，要学会抱团取暖。

媒体行业创业导师李宜谛，在人生低谷时，发现了团队的价值，借助圈子的力量，让主业和副业同时开花；牛牛，从一个失婚、无收入的落魄妈妈，到成功的创业妈妈，她借助了咖啡店和平台的力量，加上专业知识和亲身的经历，大大提升了成交率；声音能量教练周静，从车间流水线工人，到500强金融集团管理人员，进入高维圈层后，一个月顶一年地加速成长；90后倔强少女小叶子，花6位数学费去学习，遇见同频人，开启创业之路，致力于实现全球华人家庭"一家一师"的梦想。

相遇的意义，就是要一起往前走。

影响力不是一天就能打造的，需要日积月累的沉淀，在自己热爱的领域深耕；需要升级自己的思维，走出舒适圈，找到更多的可能性；需要葆有自己的梦想和一颗利他的心，让事业得以长青；需要找到一群对的人，抱团成长，让自己的价值得以倍速增长。

影响力，本质上是能让多少人愿意追随你的能力，所以，打造个人品牌影响力，是让自己变得更好的能力，同时也是让更多人因为自己而变得更好的能力。

这本书，让我们见证了19位女性创业者的成长。虽然她们来自不同的家庭，处于不同的年龄段，从事不同的行业，但是，她们都找到了自己，并且变成了更好的自己。在编辑本书的过程中，我们常常被她们的勇敢、坚强、智慧、细腻和温暖所感动。

如果你从中看到了自己的影子，或者想要成为的样子，又或者愿意与之同行的人，那就快去找她们吧。为了一个更好的世界，我们一起努力。

薇安　碧云　陈韵棋
2022年11月

目录 contents

第一章 解读个人品牌影响力 ······ 001

薇安说"个人品牌影响力" ······ 薇安/008

第二章 砥砺深耕,笃行致远 ······ 022

成长不是瞬间的惊天动地,而是厚积薄发 ······ 碧云/025
创业巨亏300万元,关闭8家门店,现靠它日入56.8万元。

掌握硬核本领,你的能量超出你的想象 ······ 鲍晶晶/039
辞去主持工作,5年没有收入,通过声音找回底气。

在逆境中看到未来 ······ 向丽丽/051
从流水线工人,变为参与营收近千万元的直播发售私教。

做自己的产品经理 ······ T姐/065
一穷二白的农村女孩,通过持续打造产品力,拥有想要的人生。

宝剑锋从磨砺出,梅花香自苦寒来 ······ 犹红/080
深陷职场困局,凭借实力触底反弹,开启不设限的人生。

第三章　升级思维，破圈成长 ……………… 093

打开思维局限，做自己人生的 CEO ………… 语浠/096
90 后销冠在主副业齐开花后裸辞，实现人生跃迁。

万物皆有裂痕，那是光照进来的地方 ………… 许可/109
曾差点面临截肢的绝境，创业跌入谷底，加入圈子后，实现事业升级。

向前一步，重新定义自己 ………………… 北炜/124
8 年的努力没有换来晋升，半年破圈学习换来职场晋升、副业开花。

思维改变和认知迭代，才能创造高价值人生
……………………………………………… 佐伊/136
跨国银行最年轻的风险副总裁，打开财富能量，追求美好生活。

拥有迭代思维，才能迭代人生 …………… 徐丹/151
回归律师行业，靠打造个人品牌，塑造专业的"股权律师"形象。

每次努力，终将回报你 …………………… 尹娟/163
月薪仅 500 元，创业受挫，学习营销思维后，1 个月创收 2.6 万元。

第四章　极致利他，永葆梦想 ……………… 172

极致利他，到达成功的彼岸 ……………… 莎莎/175
老公败光所有积蓄，偶得鼻炎配方，靠口碑推动事业发展。

携梦前行，用生命影响生命 …………… 勤兴道/187
职涯 33 载，专注于疼痛治疗。54 岁再出发，让更多人拥有健康。

活出生命的意义，书写自己的人生 …………… 王小源 / 199

出身贫寒，辞去 9 年体制内的工作，只求助人为乐。

激活教育梦想，成为眼里有光、心里有爱的智慧女性
…………………………………………………… 林丽丽 / 214

从月薪 2000 元的一线话务员，打拼成为公司高管后再创业，实现人生使命。

第五章　抱团成长，价值倍增 …………… 224

相遇的意义，就是一起往前走 …………… 李宜谛 / 227

从网络公司的销售员到区域互联网运营导师，找到破局之道，实现价值倍增。

面对变化的最好方式，就是自己跟着去变化 …… 牛牛 / 240

从一个失婚、无收入的落魄妈妈，成为一手事业、一手带俩娃的创业妈妈。

用声音点燃生活，做一个心里有光的人 ………… 周静 / 250

从车间流水线工人到 500 强金融集团的管理人员，进入高维圈层后，一个月顶一年地加速成长。

用微弱的光去照亮世间的美好 ……………… 小叶子 / 263

90 后倔强少女花 6 位数学费去学习，遇见同频人，开启创业之路。

结束语 …………………………………………… 274

第一章

解读个人品牌影响力

新女性创造社成立于2020年,由全球新女性IP创业导师薇安创立,隶属于薇安成长商学院。它是致力于多维度打造新时代女性的核心竞争力,赋能女性通过打造个人品牌,实现有钱、更值钱的线上商业教育平台。

新女性创造社诞生于中国女性力量崛起、线上经济蓬勃发展的互联网时代。聚合了全世界来自各行业的创业者、职场高管、团队长、线上自由工作者等优秀女性。通过线上私域＋社群＋直播的形式,帮助用户解决在创业发展、业务增长上的难题。

新女性创造社不仅帮助女性打造个人品牌,还全力培养、孵化专业的个人品牌教练,为女性们提供在平台就业、创业的机会,被誉为个人品牌界的"西点军校"。

新女性创造社的使命:赋能全球1000万名女性,成为有钱、更值钱的智慧新女性。

新女性创造社的愿景:成为全球第一的华人新女性IP共创平台。

新女性创造社的价值观:极致利他,彼此成就。

新女性创造社的宗旨:自信、独立、价值、智慧。

自信:相信自己,勇于突破。

独立:经济独立,赚钱能力。

价值:自身价值,他人价值。

智慧:智慧通透,幸福人生。

新女性创造社建立了完善的服务体系,并且拥有全网唯一的全部产品一对一陪跑服务。通过专业的个人品牌教练深度陪跑,帮助女性们打通线上商业思维,构建线上变现渠道,实现资源共享,共同打造一个有钱、更值钱的女性生态圈子。

新女性创造社的核心板块包括:个人品牌核心能力升级、个人品牌私教陪跑赋能、全球个人品牌教练认证孵化、个人品牌事业合伙人、个人品牌流量资源。女性们不仅可以借助平台打造个人品牌,还可以直接在平台实现创业和就业。

个人品牌核心能力升级

新女性创造社拥有完善的线上教育知识体系,开设了"个人品牌创富营""百万营销成交私房大课""视频号年度直播营""知识IP导师创业营""全球个人品牌教练认证班"等多门百万级爆款课程,以及"销售演说大师班""高维智慧游学""私董会"等高端定制课。

全面提升女性在线上的商业思维、管理力、表达力、营销力、成交力等,全面提升女性的商业核心竞争力,激发女性内在潜能,打造出真正有市场商业价值的商业模式。

新女性创造社帮助个人放大自身的专业价值,从而创造更大的社会价值,推动企业发展,实现业绩倍增。

思维一变,市场一片。认知思维的提升,可以帮助女性实现从内到外的成长与突破。

个人品牌私教陪跑赋能

新女性创造社的会员体系分为创富学员、创富天使合伙人、超级天使合伙人、私董合伙人。

平台为所有会员都配备了专业的个人品牌教练,进行一对一陪跑赋能。

专业教练会因材施教,量身打造出最适合个人/企业的线上变现模式,并且督促其实操落地。

创富学员在课程学习期间,会有1名专业教练陪跑21天,赋能找到个人定位/产品,并且进行MVP实操。

创富天使合伙人会有专业教练深度赋能陪跑100天、线上陪伴式陪跑1年,辅导提升销售成交能力,实现可持续变现。

超级天使合伙人会有专业教练深度赋能陪跑1年,并且会有平台核心团队5对1专属赋能群来跟进指导。全方位量身打造个人品牌变现模式,并进行全网爆款产品的发售指导。

私董合伙人会由创始人薇安老师亲自赋能指导2年,平台核心团队贴心指导跟进。构建和优化顶层商业模式,并进行终身沟通。

全球个人品牌教练认证孵化

个人品牌创业是目前大势所趋的一种商业发展形式。想要帮助更多普通人打造个人品牌,那么就需要更多拥有专业能力的个人品牌教练。

新女性创造社投入大量的时间、资源,建立了一套通过国家知识版权认证的全球个人品牌教练认证体系,专门用来培育、孵化个人品牌教练。

女性们不仅可以学习最有效的个人品牌打造方法,还可以在平台上实现个人品牌教练创业与就业。

个人品牌事业合伙人

新女性创造社的使命与愿景是赋能全球1000万名女性,成为有钱、更值钱的智慧新女性,成为全球第一的华人新女性IP共创平台。

个人的力量终究有限,因此我们吸引了全球有相同愿景、思维同频、认同教育的意义、坚持长期主义的优秀女性同行,共创教育事业,一起帮助更多的女性。

德国著名哲学家雅斯贝尔斯说:"教育的本质是一棵树摇动另一棵树,一朵云推动另一朵云,一个灵魂唤醒另一个灵魂。"

我们在一起,树立更多的自信、独立、有价值与智慧的新女性榜样。

个人品牌流量资源

新女性创造社有上百万名学员,主要是一二线城市25~40岁的优质都市女性,并且打通了社群、私域朋友圈、公众号、视频号、直播的流量闭环。

2022年,新女性创造社成为微信视频号官方服务商,为我们的会员用户提供了最新的政策支持与最活跃的流量扶持。

所有的高端会员,也传承着"极致利他、彼此成就"的平台文化,真正实现了平台、企业、个体之间的资源扶持与共享。

新女性创造社 logo

新女性创造社的 logo 是字母 A 与 V 的结合。

A 与 V 取自创始人薇安老师的英文名 Viann,同时,A 代表头部、第一,V 代表胜利。

左下角的曲线有设计感,有女性气质,既代表自信上扬的嘴角,也代表着新女性创造社一直在做正确、向上的事!

希望新女性创造社能吸引和影响越来越多的新女性,一起过有成果的一生。

薇安

全球新女性IP创业导师
10亿级商业模式营销专家
IP教练认证创始人

扫码加好友

薇安说"个人品牌影响力"

丘吉尔先生曾经说过一句话:"你能面对多少人说话,你的成就就有多大。"

我的私董碧云有一次对我说,她人生最大的愿望就是出一本书,希望在 80 岁之前可以实现。我笑着对她说:"哪里需要那么久,我们今年就来实现梦想吧。"

这也是我们新平台系列丛书出版的由来。我的很多学员都有出书梦。事实上,20 多年前,我就向同事们夸过海口,我未来要成为畅销书作家。虽然那时我连什么叫畅销书都不知道,但是成为作家的梦想种子早就被种入心中了。

为什么想出书?事实上,每个人都渴望分享自己的故事和经历,更深层次的渴望是想被更多人看到。

想要做出改变,首先要破圈

我带了数十万名学员,很多人多年来一直如"小透明"一样生活着。他们找不到方向,找不到自身优势,事业裹足不前,圈子狭窄。有些学员刚开始打造个人品牌时,朋友圈人数只有200多人,可见圈子有多小。

这么少的人脉说明了什么?说明个人影响力几乎可以忽略不计,自然,事业的发展状况也不会好,所以,他们说自己人微言轻。是的,这也是人们痛苦的地方。不知道说什么,即使说了,也没有人会听。久而久之,越来越没有自信,没有价值,没有能量。

圈子狭窄,即使你再有能力,也很难有所作为。这好比在珠穆朗玛峰上开了一间店,无论你把店装修得多么漂亮,也鲜少有人问津。

对于普通人而言,想要做出改变,首先要破圈。

破什么圈?从两个维度着手,第一是提升圈子的质量,第二是提升人脉的数量。

这好比,你把店从珠穆朗玛峰搬迁到了市里,有人,才有新机会。

很多人会担心地说,我的人脉这么少,如何改变?事实上,从你采取破圈行动的那一刻起,你就开始改变了。

2016年,我刚开始打造个人品牌时,朋友圈里的人数不到1000人,里面几乎都是亲戚、同学、同事和客户。

我知道,如果我想开拓一块新的业务,必须要有新的圈子和人脉。从哪里入手呢?

我开通了公众号"薇安说",通过写文章,吸引新粉丝。同时,我也付费加入了几个IP圈,向有经验的人学习,并尝试互换资源。

有一位90后小兄弟,他是自媒体领域的大咖。我主动付费学习他的课程,并为他牵线,谈一些合作项目。于是,他主动帮我在他的公众号上发了一篇推广文章,我一个晚上就涨粉2000人。后来,我们又合作开课。他可以说是我"破圈"的大贵人。

我通过公众号分享,渐渐吸引了几十万粉丝,又通过加入不同的社群,加入了有影响力的圈子,拓宽了人脉。之后,我又出版了畅销书《迭代》,吸引了新的读者关注。仅两年时间,我的圈子就焕然一新。圈子质量更高了,人脉数量也更多了。

你看,我也是从素人起步的,起点也并不高。我还记得,那时我对自己说,扩大个人影响力,我可以用 10 年的时间慢慢积累,也许 10 年后,关注我的人就超过 2 万了。我给自己的目标是 10 年 2 万粉丝,这个目标是不是一点也不高?是的,我认为我成功的地方是,我是一个长期主义者,以前我看的是未来 10 年,现在我看的是到 80 岁。把时间一拉长,只要坚持去做对的事,一切都好办了。我知道什么是对的方向,不会去跟别人做无谓的比较。我就按照自己的节奏,一步一个脚印地走着,既不快,也不慢,但是绝对不会停下来。

打造个人品牌,构建个人影响力

在我刚开始打造个人品牌时,我对个人品牌这个概念一无所知,对于如何商业变现更是想也没想过。

但是,我抓住了一个关键,那就是构建自己的个人影响力。我在想,做任何商业都需要有粉丝,接着才有客户。所以,无论如何,我得先涨粉。有了粉丝,再设计商业模式,这样就可以找到客户。

现在回头看,这是一套特别正确的商业逻辑。

很多年前,我曾经创业过两次,都以失败告终。

传统的创业是按照这样的流程:筹钱——找办公室——做产品——找客户。

按照这个流程,钱全部投出去了,才开始找客户,万一找不到客户,或者不能持续有客户,就会失败,所以创业风险非常大。

而个人品牌创业为什么比较容易成功呢?因为它的流程是倒过来的:粉丝——做产品——客户——合伙人——裂变。

你先吸引对你感兴趣的粉丝,然后根据粉丝的需求去找产品来满足他们,这样,部分粉丝就成为你的客户。之后,你可以找到比较"铁"的客户,发展为合伙人模式,由合伙人再产生裂变。

在我还没有想清楚定位和商业模式时,我所做的最关键的一步就是吸引粉丝、扩大个人影响力。在很长一段时间里,我都没有想过变现这件事。我认为,在没有想清楚之前,不妨先增加粉丝,吸引一群喜欢你、认可你的人。在做的过程中,就可以慢慢地迭代自己的产品和商业体系。

薇安成长商学院是在我创业一年后才成立的,也就是说,我用了足足一年的时间去积累粉丝和沉淀自己。

我最近看到一个教育界同行的文章。这位同行是一位成功的创业者,巅峰时期,公司年营收8亿元,员工多达800人。但是,后来由于疯狂扩张,砸钱买流量,转化却一直达不到预期,导致公司大幅亏损,无以为继。为了救企业,创始人开始打造个人IP,脚踏实地地写文章,做短视频和开直播,从而吸引了一大批粉丝关注。之后,他首次推出自己的课程产品,仅凭这个小产品,一年轻松实现上千万元的营收。创始人开始意识到,之前做了那么多的投入,回报都比不上创始人自己做IP来得稳妥。痛定思痛,他把其他业务大规模砍掉,员工从800人裁到30人,以做创始人个人品牌和推自己的产品为主。从大而全转为小而美,从买流量转为打造IP、吸引粉丝,用了一年的时间,实现彻底的转型。

看到这个故事,我很庆幸自己没有走这样的弯路。在创业过程中,总有人说要给我投资,帮助我快速扩张,都被我婉拒了。因为我的原则一直如此:走稳每一步,不求大和快,但求好和久。

创始人打造个人品牌,就是自建超级流量池,这是商业最深的护城河。因为别人都是因为喜欢你而靠近你,因为信任你而向你购买,这种关系不仅是商家和客户的关系,更是良师益友的关系。

所有人都可以通过打造个人品牌来构建个人影响力,只不过影响力大或小罢了。

凯文·凯利曾经说过,只要有1000个铁杆粉丝,就可以让一个人活得很好。我个人认为,根本不需要1000个铁杆粉丝,事实上,如果你有100个铁杆粉丝,再辅以商业模式,你就能活得很不错了。无论是1000个还是

100个铁杆粉丝,你应该做的就是采用正确的方式吸引你的客户,让那些对你产品感兴趣的客户找到你。这就是我经常说的通过打造个人品牌,实现信息对称。

在赋能数十万名学员打造个人品牌的过程中,我独创了一套行之有效并取得国家版权认证的模型,我称之为 PPTSS 个人品牌变现闭环系统。这套方法简单易行,可以帮助所有人从零快速起步,我们亦通过这个模型产生了数不胜数的成功案例。

PPTSS 代表以下五个步骤——

P:Positioning(定位)

P:Product(产品)

T:Traffic(流量)

S:Sales(成交)

S:Service(交付)

定位和产品是个人品牌价值体系,流量是个人品牌影响力体系,而成交和交付是个人品牌变现力体系。这五个步骤环环相扣,缺一不可。

不要有流量幻想症,你需要的是精准粉丝

谈到个人品牌影响力,就要重点谈流量。简而言之,没有客户,你再能干,也没有用武之地,所以,你需要找到客户。那么,你的客户在哪里?都在别人那里,对不对?

在讲流量之前,我要和你讲一个小故事。故事的主人翁是我的私董潇湘,她是一位26岁的作家。在跟我学习之前,她已经出版了5本图书,她的书主要都是关于《诗经》、古风这类。后来,她尝试成为写作导师,也招了一些学员,开始变现。但是,她始终不知道怎么系统地打造个人品牌、如何定

位、如何做产品、如何做营销,所以做起来很乱、很辛苦,结果却并不如人意。

直到有一天,她在朋友圈里看到她的一个写作学员,以前只是一个学心理学的全职宝妈,时隔几个月后,突然成了个人品牌教练,像变了一个人似的,整个人闪闪发光。于是她发私信去了解中间发生了什么事,学员告诉她,她是跟着薇安老师打造个人品牌后,才取得突飞猛进的结果的,建议潇湘也来学习。潇湘其实一直是知识付费的深度用户,之前学了其他老师的个人品牌课程,但是收效甚微。她忍不住好奇心,报名了我的课程,开始认认真真学习。

上课期间,她听到了几个非常重要的知识点,于是她马上采取行动,训练营还未结束,她就已经变现二十几万元了。后来,她果断升级成为我的私董,我帮她做了定位,并帮她梳理商业模式,从之前混乱不堪的十几个产品,直接调整为三条核心产品线。潇湘跟我学习后,仅用了9个月的时间,就实现了营收近百万元。

潇湘取得了不错的成果,但是你知道吗?她的粉丝数量并不多。一开始跟我学习时,她始终对粉丝数量很困扰。我告诉她,牢牢记住1000个铁杆粉丝的原则。我们现在要的不是泛粉丝,而是精准粉丝。

在我看来,100万泛粉丝远比不上1万精准粉丝来得值钱。我有一位学员,之前在抖音上通过搬运海外内容涨粉150万,但完全无法变现。因为她一来没有打造IP,二来粉丝的质量也不高。最后,她直接弃号了。

我还有位朋友,她的公众号粉丝只有3万。每次她更新文章,阅读量只有1000~2000,但是她凭借这些精准粉丝,每年营收过千万元。

所以,从2019年开始,我就不断在强调,不要有流量幻想症。你需要的是精准粉丝,而不是泛粉丝。不要追求粉丝数字的虚假繁荣,而是要追求粉丝质量和对你的认可度。只要有人喜欢你、关注你,哪怕为数不多,你也可以通过打造个人品牌,让对方成为你的客户,实现营收。

潇湘听了我的话,不再纠结粉丝数量。她在我的鼓励下,开通公众号,持续更文。她也会经常发一些短视频,讲解怎么写文章,还会时不时做一些活动,吸引新的粉丝。由于她的客单价比较高,加上她做事认真负责,口碑很好,所以她总能吸引新的用户。就在不久前,她做了一个 5 天课,只有二十几个人参加。尽管如此,她仍然有 8 万元的营收。

下一步,她想将 100 万元营收提升到 200 万元。她问我该怎么做。我建议她入驻其他公域平台,通过输出干货文章来涨粉。同时,我会帮她策划一本与写作相关的商业图书,吸引潜在用户。除此之外,就是推出新的产品体系。我帮她算了一个数,要实现 200 万元营收,其实并非遥不可及,找到一定数量的精准粉丝就行了。

我讲潇湘的例子,是想告诉你,打造个人品牌其实并不像你想象中那么难。我们平台一直以素人造星为名,普通人来到我们这里学习,小有小做,大有大做,无论如何,你都会和以前不一样。以前,你不知道自己能做什么,现在,你有了定位和确定的方向;以前,你的圈子狭窄,现在,你有了更多的优质人脉;以前,没有陌生人认同你,现在,不仅有人认同而且还追随你;以前,没有人为你付费,现在,有一群人愿意为你付费;以前,你不知道自己的价值在哪里,现在,你每天都活在别人的感恩能量回流里,因为你帮助别人解决了问题……

很多人以为,只有像樊登、罗振宇、吴晓波那样,才叫打造个人品牌,有个人影响力。这是一个非常大的误区。当然,樊登、罗振宇他们的确非常成功,成为家喻户晓的大 IP,但是这不妨碍这个世界上还有很多不同圈层存在。在某个圈层里非常出名的人,另一个圈子可能对他一无所知。大 IP 影响千万人,小 IP 影响上百人。事实上,每个人的经历和积累不一样,取得的结果必然不同,而你要做的就是把你的才华发挥到极致,去影响你能影响的人。

打造个人品牌,只要做这两件事

那么,你怎么样去"破圈",找到精准粉丝呢?

我以前是做品牌出身的,当我们品牌想要吸引更多潜在用户时,我们一定会做一个动作,那就是投钱去投放广告,比如电视广告、视频贴片广告。

打造个人品牌,构建你的个人影响力,该怎么做?

好消息是,你不需要花费一分钱,但是,你需要努力去做这两个动作:输出和连结。

输出

看一个人有没有影响力,就看这个人会不会输出。输入是知识,输出才是财富,两者缺一不可。没有输入,你就没有东西可以说;而只有输入,你就无法产生影响力。因为东西都在你自己那里,并没有让更多人获益。

输出有三种方式:

第一,写作表达,如文章、朋友圈。

第二,演讲表达,如社群分享、授课、短视频口播、直播。

第三,才艺表达,如短视频剧情或者才艺表现。

移动互联网时代有太多平台可以让你免费分享你的观点,公众号、视频号、小红书、抖音,这些都是非常好的扩大影响力的平台。比如公众号,完全是免费使用的。你可以在上面分享干货文章,也可以分享你的故事。还有视频号,随手就可以录制短视频上传。有时候,我正在跑步,灵感来了,就会录个短视频上传,就这样,也有几万人浏览。直播也是一种特别圈粉的输出方式,也是我们平台非常重视的通关技能。你学到了有用的知识,然后通过你的方式讲出来,吸引别人停留,直至关注你。

如果你觉得这些都有难度,那么最简单又有效的方式,就是发朋友圈。朋友圈文案写得够真诚,就能吸引很多潜在的客户。我的私董 CoCo 就是在我的指导下,用心写朋友圈,吸引了很多粉丝像追剧一样看她发朋友圈,看着看着就越来越想靠近,主动付费,购买她的产品。

无论如何都要养成输出的习惯。输出不仅是能力,更是一种习惯。对于大多数人来说,都习惯了输入,却惧怕输出。不知道要输出什么,也害怕没有人看。玻璃心再加上瞻前顾后，导致迟迟迈不出第一步。

要记住，不输出就不可能有影响力，更不可能吸引粉丝关注。

输出什么内容？教你一个简单的办法：与生活相关的内容，输出人生观和价值观，建立信任感和好感度；与工作相关的内容，输出干货知识和产品，建立价值感和权威感。

打造个人品牌，要形成自己的人格魅力。在移动互联网上，最珍贵的就是真实、真诚的人。我的学员来自全球各地，他们几乎都没有见过我本人，但是为什么愿意付费，甚至高价付费给我呢？

就是因为我多年来都表里如一地出现在大家面前。我的公众号每天都更文，短视频一周至少发布6条，直播一周至少会做2场。很多人关注了我6年，知道我多少岁，以前是做什么的，有几个孩子，老公姓什么，孩子叫什么，甚至我的团队，他们个个都清楚。这就叫真实。所以，你可以通过输出，让别人知道你的为人，知道你的三观。这是建立信任感和好感度最好的方式。

除了本人外，更为重要的是与工作相关的内容。打造个人品牌，就是走专业路线。你得通过专业来帮助别人解决问题，这样别人才愿意为你付费。因此，你需要输出相关的专业知识，并且要敢于做广告。通过专业知识的传递，在大众心中建立起你的价值感和权威感。

我经常做干货直播，常常一讲就是2个小时，无条件地分享干货给陌生的朋友。如果他们听了后，觉得有帮助，就会关注我。这一年，我通过直播分享，吸引了10万粉丝关注，其中有数千名粉丝选择加入新女性创造社进一步学习以提升自己。

我经常会讲我们子墨教练的故事。子墨是我的私董，她是一家TOP房企的投资总监。三年前，在职场遇到巨大危机时，她跟随我学习打造个人品牌，成为房地产咨询师。后来，我鼓励她成为个人品牌教练，她在平台系统学习了个人品牌教练技术，并带教了上百名学员，成为新女性创造社首屈一指的个人品牌教练。

子墨的公众表达能力不算太强，我希望她有更大的个人影响力，于是就提议她开直播,锻炼口才,并设定直播 100 场的目标。于是,她每天都雷打不动地做 2 小时直播。她的场观并不高,有时只有 100～200 人,但是这没有让子墨泄气,她还是坚持直播。到第 80 场时,我邀请她跟我做了一场连麦,当时她的状态让我非常震惊,侃侃而谈,淡定大气,和之前不善当众表达的她简直判若两人。

刚好,我们要举办新女性创造社个人品牌 120 小时直播狂欢月,要挑选 12 位"敢死队队员",每人挑战至少 10 万元 GMV(直播间营收)。于是,我就邀请子墨参加。在此之前,她从没有做过长直播,更别提在直播间冲 10 万元营收了。

但是,她毕竟是我带出来的人,是敢于突破自我的。子墨勇敢地加入了活动,按照我们的步骤,做了详细的安排。5 月,她的一场 12 小时直播,GMV 实收突破 32 万元,她不愧是新女性创造社的个人品牌教练。

子墨说,直播时,其实在线人数并不多,但这并不妨碍成交。很多人是她的铁杆粉丝,一直在观看她的直播,早已建立了信任感,所以愿意付费跟随学习。

通过子墨的故事,你学到了什么?

输出需要日拱一卒,持续进行。你不需要去追求数字上的好看,你只需要吸引精准粉丝就够了。外行看的是粉丝数量,内行看的是粉丝质量。

连结

打造个人品牌是非常讲究为人处世的。你知道为什么吗?

因为打造个人品牌就是把自己打造成超级产品,你得让别人喜欢你,才会跟随你,对不对?有人会说,我不擅长和人连结,觉得很累。我只要专业能力够强,能解决别人的问题就行。

抱有这种想法的人,是无法成功打造个人品牌的。你想想,你的专业能力是否只有你一个人才有?是否客户不用你的产品或服务,就无法解决他们的问题?

在我看来,这个世界没有什么产品或服务是不可替代的。别人不喜欢你,就算你的专业再厉害,他也会选择其他方案。

人和人交往,凭借的都是一种感觉。喜欢你,即使你的产品再贵,也愿意向你买;不喜欢你,即使再便宜,也不会考虑。

所以,想要吸引更多人关注,你得学会做人,学会主动与人连结。在这里,我分享两个方法给你。

借力优秀圈子杠杆

我的私董 Lynn 跟我学习打造个人品牌后,推出了一系列课程,实现了 6 位数的变现。她对我说,她的学员中,很多都是我们平台的人。甚至她新推出的高价课程,也有很多我们平台的学员购买。别人一加她微信,就对她说,薇安老师经常夸你,我想跟你学习。这个背书让她觉得价值非凡。她知道打造个人 IP 需要流量,圈子很重要,所以她之前也付费去过很多社群,包括高价社群,但是最后还是回到我这里,她说我们平台的圈子是最优秀的。大家素质很高,爱学习,也都知道知识的价值所在,所以,她现在就扎根在我这里,用心地打造 IP。

素人打造 IP,最困难的地方就是流量从哪里来。原来的圈子你基本上用不到,因为一来圈子很窄,二来圈子不够优质,三来熟人也未必会向你购买。那怎么办?既然素人没有流量,那就去有流量而且有优质流量的地方。这可是比什么都珍贵的资源。我们称之为圈子。

圈子杠杆,就是利用优质人脉圈,让自己被众人知道,从而迅速实现零的突破。圈子杠杆的主要价值来源于以下两点:

连结优质人脉

你需要一个新的圈子,更需要一个优质人脉圈。什么叫优质人脉?在我看来,那些舍得高价投资自己的大脑、素质高、能力强、极致利他、有正能量、乐于付费并追求长期主义的人就是优质人脉。与优秀的人为伍,你也会变得优秀,对吗?和优质人脉产生连结,如果你能提供价值给别人,那么你就等于拥有了全新的市场。

上游人脉背书

什么叫上游人脉背书呢？就是由比你能力高的人为你赋能，为你带来更多资源。老板、客户、导师、有资源的朋友，都是这部分人群。我以导师为例进行分析。

首先，导师可以作为你的背书。这样，你起步更容易。别人不知道你，但是知道你的导师。这其实就是一个强背书，必须要重视。

其次，导师的资源可以帮你变现。导师的人脉和学员众多，如果导师为你背书，帮你宣传，是不是比你自己说 100 句、1000 句要强得多？我有个学员推出了自己的课程，她的课很高端，学费要几万元，我觉得不错，就把她的课推荐给几个学员，他们当时就报名了。

你自己涨三五百个优质粉丝很困难，但是如果导师为你说话，引导别人加你粉丝，你可能涨五六百个粉丝就非常容易了。我一次视频号连麦导粉，就可以为学员带来上百个粉丝。

导师的丰富经验绝对可以帮你变现。如果你能够靠近导师，成为导师最信得过的人，能够得到他的指点，那么是不是会少走很多弯路呢？学员 Jane 在温哥华从事英语培训，之前的客单价很低，招生困难，后来，她认识了我，果断成为我的私董。我亲自指导她，彻底纠正了她的个人品牌商业模式误区，她短短 3 个月就变现了 50 万元。所以，这些丰富的实战经验结合一对一的赋能，效果是非常棒的。

我举个例子，你就懂了。你的新业务在老家找不到客户，因此你需要去一个新地方。你去了一个小镇开店，镇上的人素质都很高、很友善，而且愿意尝试新东西，也乐于付费。有这么好的客户基础，你需要做的就是开始宣传和连结，这样，你的业务是不是就可以做起来了？如果这个镇上的负责人对你很认可，推荐大家来买你的东西，你的东西是不是更好卖了？如果有一些有影响力的人买了你的东西，一致称赞你，那么你的东西是不是就一传十、十传百了？你看，业务就是这样从 0 起步，实现腾飞的呀。

这就是优质圈子的杠杆力量。你老家没有人跟你买，你还不走，你能做出什么结果来？如果你去一个新地方，但是那里的人都没钱，都对你虎视眈眈，你也没机会，对不对？

想改变现状，第一步是找优质人脉圈，你必须破圈，但是破圈也要找到优质圈子。第二步是找上游人脉资源，无限靠近上游人脉，得到背书和推荐。第三步是深度连结。进入一个圈子，你得冒泡并连结，为圈子做利他和赋能的事。第四步是宣传推广。你需要宣传和推广你自己和产品，这样就能快速实现突破。

所以，一定要知道优质圈子的价值所在，这就是你的业务杠杆。人们常说人脉即钱脉，这句话改一下更正确，优质人脉才是钱脉。

学会极致利他

商业的本质就是利他。如果你不能帮到别人，不能给别人创造价值，你就没有价值。无论你现在有没有能力，你都得先利他。唯有利他，你才能最终成就自己。那么，如何利他？

我先和你分享私董向丽丽的故事。向丽丽原本是企业的一名中层管理人员，后来因为种种原因，她离开职场，成为一名独立创业者。她经人介绍，加入新女性创造社学习，被我们平台极致利他的文化深深打动，升级成为我的私董。她立志成为一名个人品牌教练，她将全部心思都放在了学习和突破上。

今年5月，她参加了"120小时直播狂欢活动"，成为"敢死队"的一员。在这次活动中，丽丽实现了个人重大突破，直播GMV超过10万元。我发现了她直播运营的天赋，建议她在直播领域深耕，帮助别人出结果。

2个月后，新女性创造社发起了新的直播擂台赛，我需要招募7名队长来带队。丽丽踊跃报名，经过选拔，她成为其中一名队长。在这个过程中，她无私地帮助她的7位队员，从产品策划到前期筹备再到带领运营支撑团队，所有事情都事无巨细地把关，经常加班到凌晨，只为帮助队员们取得好的直播结果。她做这些事，全部都是无偿的，因为我们平台提倡的就是极致利他、彼此成就，所以大家都在无条件地相互赋能和支持。

在丽丽的带领下，7名队员全部取得巨大的突破，直播总业绩超过65万元！而她本人也做了一场12小时的直播，最终取得了实收20万元、预售31万元的瞩目业绩！购买她产品的大部分都是之前她无私帮助过的人，大家感恩她，愿意相信和跟随她。

正因为你需要别人帮你，所以你才要先去做对别人有价值的事。主动去承担一些责任，帮别人答疑解惑，时不时赞美和认可对方，在别人处于低谷时，给予鼓励；在别人取得成就时，鼓掌喝彩；在别人有需要时，立即站出来……这些都是利他的行为。

利他的源头在于爱，发自真心地爱人，希望对方好。所以，想收获，就先付出；想寻求帮助，就先去帮别人；想得到爱，就去爱人。人生所有的收获都源于一颗爱人的利他之心。

2021年，我成立新女性创造社后，有上万学员来平台付费学习个人品牌打造，有太多人的命运从此发生改变。有感于社会责任重大，我们不断迭代，不仅是课程体系，更是服务体系。

新女性创造社早已不是知识付费平台，而是知识服务平台，因为唯有服务，才能真正帮扶学员做出成果。

做服务很累，很耗时间和精力，因为不仅要传授知识，还要陪跑。不仅要让学员学会做商业，更要提升他们的内在力量，但是我觉得很值得，因为我亲眼见证了无数个黯淡无光的灵魂，在我们的陪伴下，绽放光芒。从寻找光，到成为灯塔；从寻找爱，到成为爱的源泉。

在接下来的章节，你会看到新女性创造社的一些优秀成员，通过打造个人品牌蜕变成长的故事。我们都很普通，都经历过低谷和人生至暗时刻；我们都不普通，都从低谷崛起，立志成为更好的自己，去照亮更多人。

希望你能从每个人的故事中汲取力量，看到光，看到希望。如果你愿意，也欢迎正在看此书的你加入我们。如果可能，希望你能将这本书介绍给更多人。他们也许正在迷茫、困顿中，也许正在黑暗中苦苦摸索。你的这一善举，犹如点亮茫茫大海的灯塔，为他们指明前方的路。

让我们一起极致利他，彼此成就。

第二章

砥砺深耕,笃行致远

碧云

个人品牌创业导师
个人品牌创富营总教练
拥有20年商业操盘经验

扫码加好友

碧云 BESTdisc 行为特征分析报告
ID 型
0级 无压力 行为风格差异等级

新女性创造社

报告日期：2022年06月26日
测评用时：09分56秒（建议用时：8分钟）

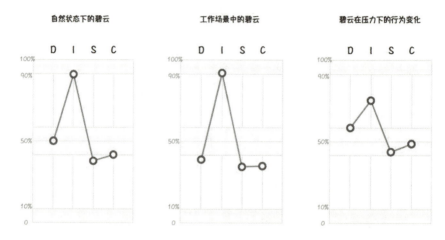

BESTdisc曲线

自然状态下的碧云　　工作场景中的碧云　　碧云在压力下的行为变化

D-Dominance(掌控支配型)　　I-Influence(社交影响型)　　S-Steadiness(稳健支持型)　　C-Compliance(谨慎分析型)

　　碧云天性友好、乐观、热情、适应性强，能坦然接受变化。她热情的天性加上灵活的沟通方式，通常能够使别人敞开心胸和投入参与；她会运用魅力、说服力和微笑来努力改变敌对情绪，使之变得更友好；她善于打开局面，能灵活地调整步调，并且敏锐地察觉出不同的挑战，并做出相应的改变，是个优秀的主动开拓者。

成长不是瞬间的惊天动地，而是厚积薄发

创业巨亏 300 万元，关闭 8 家门店，现靠它日入 56.8 万元。

我用了 15 年，从销售"小白"到掌管上亿生意的高管，之后辞职创业。我在 8 年间开了 10 家门店，年入 300 万元。2020 年，受到疫情的影响，又亏空了所有积蓄，一夜之间关闭了 8 家门店，从天堂跌入地狱。

2019 年，我开始转战线上，学习打造个人品牌，在 2 年间帮助 1000 多位学员实现了 5～7 位数的价值倍增，一场发售日入 56.8 万元。

在职场与创业路上，经历过无数风雨后，我终于找到了提升影响力的方法，也收获了宝贵的财富。

19 岁借 2 万元开服装店，却换来人生第一次创业失败

1980 年，我出生在广东省广州市的一个普通家庭。妈妈是药厂工人，爸爸是街道办工作人员。

在我眼里，爸爸是个无所不能的超人。20 世纪 80 年代初，他辞职出来

创业，成功地把家里 20 多平方米的房子换成了 100 多平方米的大房子。从那一刻起，我已在心里种下了创业的梦想种子，希望像爸爸一样，拥有真正属于自己的事业。

1995 年，我以全校最高分考上了公费学习的幼儿师范学校，成为授业解惑的老师。日子过得安稳而幸福，但总感觉缺少一些东西。原来，心里埋下的那颗创业种子，不停地敲打着我的心，一直想要萌芽。

终于，在 1999 年，19 岁的我，拿着妈妈借给我的 2 万元，开了一家服装店，开始了人生的第一次创业。

但由于缺乏经营管理经验，服装店仅维持了 1 年就关门了。我意识到自己缺乏商业思维，于是，下定决心辞掉安稳的幼师工作，全力以赴去追寻内心真正想要的东西。

逆袭成世界 500 强高管，带领团队创造了上亿元业绩

2003 年，经过层层筛选，我入职宝洁公司。在这家世界 500 强公司，我开始走上了销售之路。

靠着一股拼劲，我从销售菜鸟做到了区域经理。带着 200 多人的销售团队，创造了过亿元业绩，连续三年拿到全国销冠。其中，有一家门店 24 小时的业绩做到了 168 万元，夺得全国门店第一名。

可又有多少人知道，这些成绩背后是无数个日夜的奔波。我曾经在 24 小时内跑遍了广州市内的 8 个服务点，打了 38 通电话；也曾把脚底磨出大水泡，脱鞋子时都能感觉到钻心的痛；更曾在最基层的销售员岗位扎根整整 2 年、面试了三次，才晋升为销售主管。

即使这样,我都从未想过放弃在销售岗位上的提升和历练。

疫情夺走了我的事业,关了 8 家门店,亏 300 万元

正当我在职场上一路攀升时,所有人都以为我会就此安稳地停留在职场的巅峰,可是只有我自己知道心中的创业梦像草原上的烈焰,在熊熊燃烧。

2013 年,我听从内心的声音,再次开了一家服装店,继续当年没有完成的梦想。

我白天在公司上班,中午利用有限的休息时间,争分夺秒地赶往服装批发市场进货。下班后,顾不上吃饭,就飞奔到店里,陪客户挑选衣服,了解他们的喜好与需求。

晚上辅导完孩子做作业,就开始入账、看衣服样板图片。通宵达旦地工作,成了我的家常便饭。就连上厕所,都机不离手地在工作,恨不得一天有 48 个小时。

刚开始,门店的支出全靠我的工资填补。在我的不懈努力下,门店终于慢慢盈利。直到 2018 年,人生的第二次创业年收入过 100 万元,我才有了辞职的勇气,离开宝洁公司,全身心创业。业绩一路高歌猛进,离职后只一年时间,我就扩张到 10 家分店,盈利 300 多万元。

正当我豪情万丈地规划美好未来的时候,2020 年初的疫情把我打入人生的至暗时刻。客流量大幅度减少,营收锐减,但店铺的租金、水电费、员工工资等支出分文不少。仅仅一年时间,我创业赚的钱和积蓄几乎都填进去了。

在疫情面前,我这个普通中年妇女的挣扎显得如此无力,家人们都劝我赶紧放弃。

爸爸直接跟我说:"你是不是要搞破产了,才肯罢休?"最爱我的爸爸盯着我。

"我自有分寸!"他怎么能理解服装事业对我的意义呢?

"你有分寸?那就不会亏到一无所有,家庭也没照顾好!"爸爸像一头发怒的狮子。

"凭什么女人就不能追求事业?赚了、赔了都是我自己的事,不用你管!"泪水在我的眼眶里打转。

"你……你以后爱怎么样就怎么样,我管不着!"嘭!爸爸摔门而出。我听到了自己不甘心又无能为力的心碎声。

那段时间,我的心被黑暗包围,像漫无边际的大海里一叶漂流的小舟,迷茫无助。时常一个人偷偷在洗手间失声痛哭,直到一个人的出现,才把我从无边的黑暗中拉回来。

遇见贵人,靠新技能轻松日入56.8万元

她就是薇安老师,我人生中的贵人,让我的命运轨迹就此改写。

她的经历和我有些相似,都曾在商界做出了耀眼的成绩。不同的是,她在疫情之前就成功转型,带着一身光环投入女性成长领域,帮助万千女性成长。那时,薇安老师已经是拥有百万学员粉丝的全球新女性IP创业导师。而我,还身处疫情的旋涡中。

幸运的是,薇安老师凭借帮助10万多名学员实现5～7位数价值变现的经验,为我指明了破局的方向:帮助更多人打造个人品牌!

坦白说,一开始我对这个方向有点怀疑,担心自己做不好。薇安老师看

出了我的困惑,直截了当告诉我:"碧云,你有近20年的一线销售和创业经验,如果再掌握个人品牌知识,就能成倍放大这些经验的价值,帮助更多想转战线上的人。"这句话给了我勇气,帮我打开了新世界的大门。

从此,我开始拼命学习个人品牌知识。早上睁开眼睛,就开始听音频课、做笔记、去实操……一直忙到深夜。

女人想拥有自己的事业,一定要取得家人的支持。我也因此和先生有过激烈的争吵,幸运的是,在心平气和地沟通后,我取得了他的谅解和支持。

后来,我又陆续花了上百万元的学费,向各领域的名师学习。终于,我把个人品牌、创业、商业、领导力、教练技术、心理学等知识进行了深入研究,形成了自己独有的知识体系。2021年,我正式成为一名个人品牌创业导师。

付出这么多代价后学到的知识,终于迎来了小试牛刀的机会。2022年1月,我运用个人品牌领域的产品发售体系,24小时收款31.3万元!要知道,我付出的只有自己的时间和精力,而这些盈利已相当于以前我的实体店大半年的收入。

2022年3月,我与薇安老师的私董学员晓文医生合作,她曾是一位从医20年的三甲医院的医生。我们一起创办了健康轻创研习社,助力全球华人家庭实现"一家一师"(一个家庭有一个健康管理师)的梦想!我们联合推出的一门课程,实现了日入56.8万元!

2022年5月,我与另外11位新女性创造社的合伙人组成了12人的"敢死队",单场12小时直播GMV 30.2万元;2022年7月,我再次与晓文医生直播发售健康轻创课程,收款35万元。

这些打造个人品牌后的成绩,像黑夜里的灯火,照亮了我的征途。我完成了从疫情受重创到线上创业成功的华丽转身,我也注意到身边很多人,因为疫情的冲击,收入断崖式下跌,想突破又找不到方向。

刘德华说:"学到的就要教人。"我开始用自己的所学教别人打造个人品牌,实现财富和精神的双重收获。截至目前,我已经带领了1000多名学员成功地走上个人品牌之路,变现4~7位数。

我印象最深的是,一位做实体店的学员小温,因为疫情,她的3家实体店全部关门,急得嘴巴长泡。她在朋友的推荐下找到我,我通过1对1定位梳理及商业布局指导,帮她找到了破局的方向。

我把她以前的资源和线上营销经验相结合,让她在不到1个月的时间里,就在线上轻松变现5位数。"感恩碧云老师,幸好有你的指导与陪伴,我才能在这么短的时间内实现了从0到1的突破。"拿到成果的小温喜极而泣。

人最大的幸福,就是用自己的知识和经验帮助别人成长。现在的我,正运用自己的经验与知识,帮助更多人打造个人品牌,发挥自己最大的价值!

成长,需要厚积薄发

回顾自己的经历,幼儿园老师——500强公司高管——年营收千万元的创业者——身价为0的中年妇女——日入56.8万元的个人品牌创业导师,这一路我经历了太多。我意识到成长不是瞬间的一蹴而就,而需要厚积薄发。

勇往直前,追求梦想

当我们从舒适圈走出来,进入一个陌生的具有挑战性的圈子时,常常会产生恐惧、担心、害怕、焦虑等不安情绪。

我也不例外。辞掉高管工作,出来创业,从服装行业到教育行业,从线下转到线上,每一次的突破都堪称里程碑事件。回想起来,当时的自己其实是迷茫、困惑的。我是如何调节的呢?

我不停地跟自己说:"碧云,你可以的!不要跟别人比较,跟自己比,只要一天比一天进步一点点就可以了!"我不断给自己积极的心理暗示。

勇敢一点，行动起来。我可以，你也一定可以

我就是这样鼓励我的学员的。在新女性创造社，我的私教学员爱华和我很像，做了十几年的线下传统行业，想转战线上。

她学了两个月，对自己做出来的结果不满意，给我发信息："碧云姐，我是不是不适合做线上？觉得自己完全没办法跟上节奏，群里信息很多，都看不完。看到大家在报喜，自己却一点成果都没有。在线下，我是一个老板，跟客户侃侃而谈；而在线上，却成了个菜鸟，感觉连聊天都不会了……"

我完全理解她内心的焦虑和彷徨，我与她分享了自己的经历，鼓励她："勇往直前，追求梦想！只要心中有梦想，就一定要坚持下去，不要太急于看到结果。只要方向是对的，就不怕路远，付出努力后，一切都会水到渠成！"

人生本来就是一个体验的过程。我们要有探险精神，大胆去尝试，并不一定要纠结于结果。每天都做一些自己没有做过的事情，突破自我，这难道不是收获吗？

我告诉她，她很幸运，因为她并不是一个人在做无力的挣扎，她有我，背后还有强大的薇安老师，我们都会一直陪着她。听到这里，她的内心就踏实下来了。

在追求梦想的路上，要懂得抱团取暖

另一位宝妈学员舒暖，她刚加入新女性创造社时，也非常迷茫，不知道自己的定位是什么，甚至不知道自己能做什么。

薇安老师与我一起帮助她梳理，定位为一名情感咨询师，她也很认可这个定位，她觉得自己有能力在这方面帮助别人，只是之前不敢说出来。其实每一个人都需要有人在背后推一把，才会有勇气往前跨一步。

我不断地鼓励她："你一定可以的！"第一个月，在我的指导下，她孵化出原创的 MVP 最简化可实行产品和爆款产品，做社群发售，当月就变现 6000 多元；第二个月变现 1 万多元；第三个月变现 5 万多元。三个月累计

变现8万多元！现在还在持续变现中。

她整个人的状态跟以前已经完全不一样了，简直焕然一新！从她身上，我看到了人生由不可能变成了可能。她本来计划用三个月考完所有证书，最后只用了一个月就完成了，换作以前，她可能连想都不敢想。

人生不设限，只要心中有梦想，就要勇往直前！

升级认知，持续成长

这几年，为什么我的线上事业能突飞猛进？很重要的原因是因为我不断学习，持续成长，升级自己的认知。我陆陆续续花了近百万元去学习，知识不断丰盈着我的内在，让我越来越有力量，让我与财富靠得越来越近！

记得2019年，我第一次参加线下沙龙，见到薇安老师的时候，她在台上说："你永远赚不到认知以外的钱。"这句话打通了我的任督二脉，我走上台去说："我终于找到可以对标的人了，她就是薇安老师。她是大薇安，而我要做小薇安！"

在线上打造个人品牌，精准定位很重要，找定位的其中一个维度就是找到你的榜样，找到对标的人物去模仿，模仿是最容易起步的。

人不断学习是为了升级认知

很多时候，我们卡在一件事上，并不是因为我们不够努力，而是因为我们的认知有限，原有的思路无法解决新的问题。如果不去学习，停留在自己原有的认知上，就会产生无能为力的感觉，认为自己不够好，甚至会开始抱怨生活，对身边所有事情都感到失望。越是这样想，处理事情的积极性和效率就会越低，这是一个恶性循环。

我身边有一位朋友，很喜欢心理学，希望能从事相关的工作，去帮助更多的人。为了实现梦想，她不断学习，花了百万元以上的学费去精进自己，但还是觉得自己不够专业,不敢输出。

我了解了她的情况后,指导她孵化原创MVP。刚开始,她完全无从下手。我们一定要打破一个认知,不是要100%准备好了,才开始去做,而是要一边输入,一边输出,一边向上学习,一边向下帮,这才是最有效的学习与变现方法。

要有独立思考、做决策的能力

为什么这样说呢？我看到身边很多人连主见都没有,听父母的、听朋友的、听同事的,背后有一个智囊团,但没有一个有创业实战经验的人,重点是自己也没有看法,把决定权拱手让人。

创业必须具有决策能力,如果自己不懂,可以把专业的事交给专业的人做,但自己一定要对这盘生意有所研究,有自己的主见,否则就是胡闹,亏本了也不知道是怎么回事。试图用别人的大脑来思考自己的人生的认知方式,会让我们的人生路越走越窄。

遇到任何问题,我们要学会独立思考,养成求证探索的习惯,不能断章取义,乱加猜测。

一个人对事情的判断能力就是你对世界认知水平的体现。只有不断升级你的认知水平,才能对事物做出正确的判断。苏轼有句名言:"博观而约取,厚积而薄发。"这就是他的学习和认知提升之道。

"博观",就是广泛涉猎。"约取",则是一个去芜存菁、提炼精华的过程。"厚积薄发",是指在积累深厚之后,慢慢地释放出来。

真正厉害的人,都是终身学习者

健康轻创合伙人欣霖,是一名中医师,她看了我两场直播,就报了我的个人品牌私教课。她是对自我认知比较清晰的人,知道自己有什么、缺什么。她的专业知识体系很完善,但完全不懂线上营销。

欣霖就是我们经常说的"有才华的穷人",在她过往的认知里面,只有专业,没有商业,价值没有得到很好的变现。经过梳理,她一小时的咨询费从 88 元涨价到 1000 元,第一个线上原创课程一开售就卖出 60 多份,今年的业务量也比去年增加了 3 倍。

每次为她深度赋能时,她都会说:"太感谢碧云老师了!我只懂专业知识,没有商业思维,完全不懂打造个人品牌,更不懂如何在线上赚钱。是你打通了我的卡点,让我实现了线上变现。"

其实每个人的思维都受到时间和空间的限制,根本看不到认知水平以外的东西。我们的认知水平,往往接近于自己最亲近的 6 个人的认知水平的平均数。

一个人在狭小、封闭的圈子里待久了,想法、学识都会停止流动。而优秀的人能像一束光一样,指引你走进新的世界,打开认知的大门。与优秀的人同行,才能不断升级认知,快速成长,成为一个优秀的人。

经营思维,拙能胜巧

我经常说:"用经营商业品牌的思维去打造个人品牌。"通过在线上不断放大自己的影响力,让更多人认识你,喜欢你,接着跟随你。

2019 年,我跟随薇安老师学习打造个人品牌,是她个人品牌训练营第一期的学员。如果你问我:"个人品牌打造最重要的是什么?"我送给你四个字:"经营思维!"

每个人打造个人品牌的目的都有所不同,有些人希望能带动自己线下的传统业务,有些人希望成为一名知识 IP,有些人想快速变现,等等。

不管出于哪种目的来学习个人品牌,都要有经营思维

什么叫经营思维呢?就是要把个人品牌看成一门生意来经营。

经营什么呢？首先要经营自己的用户。了解他们，知道他们需要什么，如何帮助他们解决问题，并且用心服务好他们。只有用心服务好每一个用户，才会有源源不断的用户，生意才能越做越大。

除了用心经营好用户以外，还要学会计算成本，不能光自己麻木付出，最后把自己累得半死不活，还不断亏钱。在服务用户的过程中，也要获得相应的回报，不然也是无法持续性地经营下去的。

我的私教学员娟子，是做儿童学习力培训的，只要孩子来她这里学习，她就免费给家长培训。久而久之，家长非常依赖娟子，家里解决不了的大小事情都请教她，让她变得很累，还亏钱……

后来，我帮她梳理产品，系统地培训家长成长，建立了家长高效学习年度成长社群，收费从999元开始，逐步涨价。刚开始，她担心太贵了，觉得365元一年就可以了，我对她说："必须从999元开始，没问题的！"她听了我的话，招到36人，月入3万多元，然后，涨价到1980元一年，并且每招满10人，涨价1000元，直到涨到3980元为止。今年的目标是招100人，营收超20万元。

娟子的例子反映的道理很简单，就是要用经营的思维去思考，深入分析市场，洞察用户，做成本预算，平衡发展。我常常在想，其实我们也要用经营者的思维经营好我们自己的人生。

人生没有白走的路，每一步都算数

我在世界500强公司带了15年的销售团队，出来创业8年。我把多年做生意、销售成交的经验总结出来，教给我的私教学员，学员反馈都非常好，这就是很好的市场验证。

我的私教学员V神是我的前同事，想在经营好家庭的同时，实现自己的梦想。他跟我一样，裸辞出来打造个人品牌，他虽然带过团队，做过业绩，可是没有销售经验。刚开始打造个人品牌时，他需要突破成交卡点，我用了两天时间给他培训绝密成交术。

我让他把和客户的语音聊天录下来,再帮他拆解分析,做实战演练。他非常努力去实践,没想到第三个月就成交了15万元。

现在,他跟我一样,成为一名个人品牌创业导师。我们一起对接企业客户,把我们线上个人品牌、私域操盘、百万发售、绝密成交这套系统,结合20多年线下操盘经验,全面应用到企业中,帮助企业实现全域经营。

所谓拙能胜巧,路是一步步走出来的。世上没有白费的努力,更没有碰巧的成功。

不要揠苗助长,不要急于求成,只要一点一点去做,一步一步去走,成功不过是水到渠成。人最大的幸福,就是能给别人带来价值,我希望能用自己的知识和经验,帮助100万人发挥出自身价值,活出健康、自信、智慧的人生。

不管你是什么人,如果你想学习打造个人品牌,扩大自己的影响力;或者想做副业,每月多赚5000~10万元;或者想找到人生方向,走出迷茫,欢迎来找我。在未来的日子里,希望你和我一起努力奋斗,通过打造个人品牌,实现自身价值最大化!

我相信,相遇的意义是彼此照亮,然后在这个世界上一起闪闪发光。

鲍晶晶

陕西广播电视台原主持人
"动听星球"创始人
大V声音教练

扫码加好友

鲍晶晶 BESTdisc 行为特征分析报告　　新女性创造社
IC 型
0级　无压力　行为风格差异等级　　报告日期：2022年06月26日
测评用时：11分02秒（建议用时：8分钟）

BESTdisc曲线

自然状态下的鲍晶晶

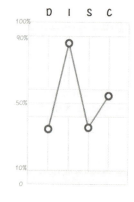
工作场景中的鲍晶晶

鲍晶晶在压力下的行为变化

D-Dominance(掌控支配型)　　I-Influence(社交影响型)　　S-Steadiness(稳健支持型)　　C-Compliance(谨慎分析型)

　　鲍晶晶天性友好、乐观、适应性强，能坦然接受变化；追求精确性、善于运用逻辑性的分析和理性的推敲做决定；她热情的天性加上灵活的沟通方式，通常能够使别人放开自己和投入参与；非常注重准确性，律己甚严，但并不咄咄逼人；善于分析事实，会透彻地思考，并且仔细地制订计划。

掌握硬核本领,你的能量超出你的想象

辞去主持工作,5年没有收入,通过声音找回底气。

没有一个人的命运是不可改变的。我用了十年时间,找到了适合自己的路。为了追寻梦想,我第一次没有接受父母的安排;为了找回生活的底气,我用声音实现了变现。

勇敢追梦,"声"而不凡

出生在河南一个小城市的我,在12岁小学毕业时,身高就飙升到1.72米。篮球运动员出身的爸爸妈妈,自然而然地规划我延续他们的篮球梦想。

有一天傍晚,我像往常一样,在球场上进行高强度的跑步训练,耳边是教练近乎咆哮的指令。那一刻,恍惚间有个声音飘入耳中:"我是谁?我为什么要在这里奔跑,像个男孩子一样?"

接下来的一周,我感觉被掏空了一样,开始思考:我到底该成为什么样子的人。那年的《超级女声》如一阵风暴,席卷全国,超女和主持人手握话筒自信满满的样子深深吸引着我。我突然明白,这就是我想要的——站在

舞台上,万众瞩目,熠熠生辉!

于是,我给爸爸写了一封长长的信,请求退学,然后毅然离开体校,去寻找可以学主持的学校——有了梦想之后,等一刻都是煎熬。很幸运,我很快在郑州找到了心仪的学校。

爸爸去送我,无奈又担忧,他在分别时的话至今让我记忆犹新:"丫头,你自己选择的路,不要后悔。"我不以为意,兴奋地一头扎进自己的兴趣里,与声音为伴。

高二那年,我抱着试试看的心态参加高考,结果以专业课全省第二的成绩,考入四川师范大学播音与主持艺术专业,成为主持人谢娜、杨乐乐、李佳明的校友。

在体校训练出来的那股坚韧和不服输的精神,让我在声音学习的道路上一直受益,并且收获颇丰——获得了国家励志奖学金、成为全国主播大赛唯一的一位双PASS卡选手、获得和任贤齐同台演出的机会……

大三那年,我抱着锻炼自己、积累经验的心态,参加了陕西广播电视台的频道招聘。历经三轮面试,我从200多位应聘者中脱颖而出,**有幸成为最终留下来的唯一一位女主持人**。当台领导得知我还是一名大三学生时,毅然决然地把我留下,说出了我至今都记得的话——"晶晶,你没毕业,我们就等你毕业!"

千里马常有,而伯乐却难寻。我始终感怀这位领导的赏识。可以说,成为省台正式主持人的前后,我的人生一路平坦。

掌握硬核本领,找回生活的底气

正当我以为生活就会这么顺风顺水地过下去时,没想到我第一个宝宝的出生,差点把我打垮。

大宝出生 8 个月时，被医院判定发育迟缓，当时我觉得天都要塌了。我发了疯一样，带他去各个医院……吃药、打针、输液、针灸，甚至还要做骨髓穿刺！扎在儿身，痛在我心。

那段日子，白天，我是一位坐在主播台前、光鲜靓丽的主播；下班后，我就带着孩子拼命往医院飞奔，一身狼狈。人到中年，无人依靠，只能硬扛。最终，我婉言谢绝了孩子姥姥、姥爷的陪伴，决定带着孩子辞职——这是妈妈的责任，无人能够替代。

2018 年，二宝的到来，给家庭注入了新的生机。不过，我也开始面临新的问题，因为 5 年在家当全职妈妈，几乎没有收入，全靠丈夫一个人支撑。

正当我迷茫、焦虑时，一个偶然的机会，让我遇见了李菁老师。她在遥远的湘西古镇打造个人品牌，我向她请教，她把她的导师薇安老师推荐给了我。我连夜看了薇安老师的信息，觉得老师非常大气优雅、又飒又美，觉得她一定能成为我事业和生活的引领者。

我跟着薇安老师学习，利用自己在声音方面的专业知识，打造了一个声音课程产品。我一开始心里很没底，没想到在路演实战环节之后，我的微信立刻开始发出叮咚叮咚的收款声音，响个不停……**报名费入账了 8159 元！8 倍赚回了学费。**

我刚开始学习时，全家人都反对，爱人还提醒我小心被骗。他们为了让我知难而退，故意不帮我带孩子。我只能在哄孩子睡着后，再开始工作，每晚忙到凌晨两三点。

那段日子，很苦、很累，但我从来没有想过放弃。因为我很清楚，这是一条宝妈实现家庭与事业兼得的最近的路，开始时会难走一点。

皇天不负有心人！当我月入 6 位数，给家里换了一辆新车时，家人终于理解我的坚持了。我老公与朋友聚会时，别人比车比房，他跟别人说："我比媳妇！"

现在，我工作的时候，家人会帮我照顾孩子，尽量减少我的负担。婆婆还让我教她做视频号，他们也要来跟我学习！

这个时代对女人的要求很高。如果你选择成为一个职场女性，会有人说,你是个糟糕的妈妈;如果你选择成为一个全职宝妈,又会有人觉得,这不算是一个有价值的身份。

无论如何,女人都不能因为家庭放弃自我,丢掉赚钱的能力;也不能因为工作,牺牲了家庭的幸福。再努力一点,多去尝试,也许生活状态就不一样了。

打造个人品牌,实现声音变现

说实话,做全职家庭主妇的那几年,我虽然一直都没有放弃对声音的训练,但始终觉得很迷茫,不够自信,也不知道如何把声音打造成自己的名片,通过专业能力赚钱。但是,薇安老师一直鼓励我成为声音教练,她说声音是我的优势,我有能力帮助别人美化声音。我是专业科班出身,有绝对的实力,一定可以在这条路上拿到成果。老师也很同情我的经历,帮我设计了新的商业模式,并优化了课程内容。

半个月后,我通过一次群发售,营收10多万元,不到一个月实现变现15多万元。那天,一直不支持的丈夫破天荒地对我说:"以后你的事业想做就做吧,孩子我来带。"听完,我不禁潸然泪下,能够用自己的行动获得家人的信任和认可,我觉得这是让我无比开心的事。

今年5月18日,我做了一场近14个小时的直播。这场直播的成绩非常亮眼,观众总数3781人,最高在线人数112人,公众号新增关注121人,总热度7.5万!我的单场直播间GMV变现25万元!简直是历史性的突破。这场直播对于我来说意义非凡,不仅是因为超预期达成了目标,更重要的是我从中收获了感动与成长。

直播事件有了一定影响力后,有人来向我学习经验,我鼓励更多有专业能力的宝妈像我一样,勇敢走出去,用自己的热爱和优势帮助更多的人。但我深知，还有很多女性正在面临家庭和事业两难的选择：既想蹬着高跟鞋驰骋职场，闪闪发光；又想系着围裙相夫教子，洗手做羹汤。我也深知，鱼与熊掌不可兼得。当年我选择了家庭，想给我爱的人更多陪伴。可是辞职后，收入中断，身上那层坚实的铠甲剥落了，生活的底气荡然无存。

直到打造了个人品牌后，我在家就能充分发挥我的声音优势，实现一手带娃，一手赚钱，所以，拥有一个硬核本领，是你生活的底气。

当然，也有一些人对声音市场提出质疑：

声音变现不就是有声书朗读、公众号录音吗？

市面上那么多的声音变现机构，真的能赚到钱吗？

我是一个零基础的"小白"，我也可以用声音变现吗？

其实，个人品牌的声音变现和传统的声音变现有着很大的不同：具有IP核心竞争力，不是被动地在家接单，而是可以让订单主动来找你。因为客户不是信任某一个平台，而是信任你。

很多声音很好听的朋友，并不缺乏专业能力，但就是因为不懂得打造个人品牌，让需要帮助的人没办法找到他们，专业的声音渠道公司也没办法找到他们。因此，想要让更多人因为声音找到你，普通人一定要学会打造个人品牌。

很多朋友说："晶晶，你的成功是因为有专业、有背书，我们普通人也可以做到吗？"

我想说："没有一蹴而就的成功，只有厚积薄发的努力。"一开始，我也迷茫和焦虑，经过不断地探索和尝试，从一开始担心没有人报名，到学员突破3000多名，他们分布在陕西、四川、广东、香港等地，甚至还有来自英国、德国、法国、新西兰、澳大利亚、瑞典等国家的学员。

我不仅帮助喜欢声音的朋友，让他们拥有了悦耳、动听的好声音，而且还帮助他们拿到了一些意外惊喜：

一位古都洛阳的皮具主理人，我帮她找到了商业定位"皮具+声音治愈"，开始了短视频拍摄和直播，还帮她对接了抖音一个有900万粉丝的账号的配音合作，轻松实现了月入5位数！

一位微商团队队长，在我的帮助下，建了"声音能量"社群，接到了海外博主的配音订单。她从0基础的"小白"，用19天实现了收入破万元。

一位广东河源的宝妈，想成为孩子的榜样。加入"动听星球"后，我帮她改善了"广普"，还挖掘了她社群运营的才华，付费4位数送她去深造。

我给学员对接了小红书短视频配音渠道，实现了单价2000元的合作，给学员每月6000元的配音订单，让学员的老公感到震惊，立刻说要投资"升级更专业的设备"（其实手机也可以实现，哈哈）。

练好声音，人生有更多可能

在这里，我也想和大家分享以下几条关于声音的心得体会，希望对你们有帮助。

用声音打造个人品牌，你有多种变现路径

为什么说，想做事业，一定要打造个人品牌呢？

我从上初中二年级开始学习播音主持，高中、大学都在坚持学习，大学未毕业就进入广播电视台工作，可以说声音是我从一而终的兴趣所在。

但是，我做家庭主妇后，几乎与社会脱节，很多人几乎都忘了我是专业播音出身。后来，我跟薇安老师学习打造个人品牌，她让我主攻声音教练赛道，而且不断在多个平台曝光、增粉。半个月后，我就变现了10多万元。而且，我还在视频领域不断耕耘，故事也得到越来越多的传播，打造个人品牌真的给予了普通人很多不一样的机会。

很多有着声音特长的人，听到声音变现，第一时间想到的是录制有声

书、公众号录音等,其实这只是声音变现的很小一部分。

对于普通人来说,如果之前并没有系统地学习过,如果只依靠接单,容易把自己与一群专业人士放在一起抢订单,获得成功的概率是比较低的,因为配音的技巧、配音软件的使用,需要一定时间的训练。

如果想要更好地在这个赛道上发展,一定要先打造个人品牌,然后确定自己的细分定位,把名声打出去,另辟蹊径。

我的一位声音私教学员,是深圳卫视和湖南卫视的前导演。她告诉我,现在越来越多的公司需要有烟火气的声音,也就是说,并不需要"播音腔",而需要接地气的、生活化的好声音,比如个人故事纪录片、vlog及一些短视频带货广告里的配音等。

我也曾经帮助一位自认为声音是"破锣嗓"的女学员,对接了抖音一个有900多万粉丝的账号的配音订单,内容是为这些带货小视频(每条约15秒)进行配音,每月有6000元底薪。

这样的配音订单,只需要你用手机的"录音机"功能,照着文稿念出来即可,不需要任何专业设备和投资,用一部手机就可以完成。

现在,这位学员录制的带货广告,音频转发量非常大,我的学员都常无意间刷到她的声音广告。因为抖音的短视频是可以提取声音的,很多商家用她的声音重新录制了短视频进行售卖,她的声音被传播得更广了。

除了这些,好声音还可以做情感电台、美文朗读、电台直播,可以帮助知识博主录制音频课程,在群内分享音频,上传至音频平台,实现裂变传播和获得价值复利。

所以,只要你打造好个人品牌,抓住现有的机会,能通过声音变现的途径非常多。

在自己的专业领域不断深耕,先开始,再完美

也许,你会觉得,我之所以能够成功地打造个人品牌,是因为我有省级广播电视台主持人的背书,有所谓的"光环"。其实,我也曾经很迷茫、不自

信,觉得自己远不如别人,打造个人品牌还有很遥远的路要走。

但,机会不是等来的,是需要每个人争取和创造来的。当我意识到打造"声音+个人IP"将是一个全新的风口时,我义无反顾地选择搭上列车,快速出发。

哪里不够,我就补哪里。我向专业的老师学习声音技巧,还特意从西安飞到广州,在线下向薇安老师请教。

在这个过程中,我意识到,打造声音个人品牌,不是一定要专业多么顶级,而是要有用户思维时,我像发现了新大陆一样兴奋。因为,对于普通人来说,高深的专业术语只会让他们望而生畏,100分的人能解决70分的难题,70分的人能解决50分的难题,就足够了。打造个人品牌,不是要让你拿多少证,成为学术派;而是要让你落地实操,成为实战派。

为了能够帮助更多人在声音领域更进一步,我们还对接了陕西省朗诵协会,可以让准教练们考核成为省朗诵协会会员;让准教练们在300人社群中坚持打卡练习,为会员进行指导,实战能力逐步提升。

当你想做一件事,却迟迟没有行动时,不要担心自己的能力和专业不行,没有就去补。最重要的是,你要先开始,然后在这个过程中慢慢精进。要知道,完成比完美更重要。

练好声音,它能在很多地方帮到你

也许,你会觉得,自己与声音并不会有太多交集。其实,每个人的声音都与自己息息相关,因为声音可以影响你的状态。

去试想一下,如果你气虚、说话喘、咬字发音不准确,说话含含糊糊,你说出来的话是不是没有分量?

如果你是一位老师、一位主播,当你说话久了,声嘶力竭,嗓子疼痛难忍,你对这份工作是否还会保持从一而终的热爱?是否还有坚持下去的动力?

如果你的声音尖锐、刺耳、语速快,你在职场中就不容易获得好感,大家会觉得你聒噪、肤浅、没有深度，甚至八卦，因而对你保持距离。

如果你的声音过分低沉，甚至女生的声音听起来像男生一样，失去了柔美的一面，怎么能得到别人的好感呢？

声音就是一张名片。"先闻其声，再见其人"，练好声音，很容易让人产生好感，留下好印象。

曾经有一位大咖助理找到我，希望改变她声音生硬、刻板的印象。她曾因自己的声音没有温度，与下属产生了沟通障碍，下属一度以为她是一个冷酷无情的人，在工作沟通中产生了抵触情绪。通过声音的重新塑造，她的声音变得亲和、有温度，隔着手机都能感受到带着温度的笑与关爱。她说，她的声音能量大大提升，下属在团队中变得勤奋、努力，取得了很多不错的成绩。

还有一位天生声带闭合不太好的学员找到我，说"明知道医生都无能为力的病，想在晶晶老师这里碰碰运气"。经过我的指导，虽然生理上的构造无法改变，但提升了声带的弹性，闭合时的气声明显改善。我有信心通过我的指导，她的声音一定可以不吃药也越来越好。后来，她的声音确实有所改变，人也变得更加自信。

还有很多主播找到我，向我请教久说不累的方法，因为他们曾经亲眼见证了我一个人直播12个小时，甚至14个小时的场景，没有使用麦克风，甚至都没有吃饭，说话依然元气满满，底气十足，久说不累。在跟我学习之后，这些主播都学会了正确的发声方式——气沉丹田，扩大共鸣腔体，增强咬字发音，可以让声音像装了扩音器一样有能量，电力十足！

我特别认同薇安老师的一句话——"你好了，世界就好了。"当我们变得不再向外求，而是向内探索，让自己变得更强大时，就会发现这个世界对你和颜悦色。

曾经的我，也身处人生的至暗时刻。越是疼痛，越是要成长，众生皆苦，唯有自渡，在黑暗中，不要忘了爱自己，更不要忘了突破自己。我立志为25～40岁的创业女性提供声音服务，通过全方位的声音训练，让声音变得好听，我只做有成果的声音教学。

在未来，我想把我动听的声音传播到更远的地方，我想带领更多的女性觉醒，我希望帮助那些迷茫的人，找到自己的人生意义，去创造更大的价值！我更想通过自己脚踏实地的努力，实现全球旅行办公，用声音给更多人带来力量和滋养。

感谢这个充满机会和挑战的时代，每一个普通人，只要不放弃努力，都能通过互联网，无限地放大自己的价值。

最后，我想对你说一句话：亲爱的，如果你也很想改变自己，我希望你能像我一样，勇敢地走出来。站上巨人的肩膀，看到更广阔的世界。

掌握硬核本领，你的能量超乎你的想象。我可以，相信你也一定可以！

向丽丽

私域IP商业顾问
直播发售导师
个人品牌商业教练

扫码加好友

向丽丽 BESTdisc 行为特征分析报告
ICD 型
3级　工作压力　行为风格差异等级

新女性创造社

报告日期：2022年06月26日
测评用时：07分11秒（建议用时：8分钟）

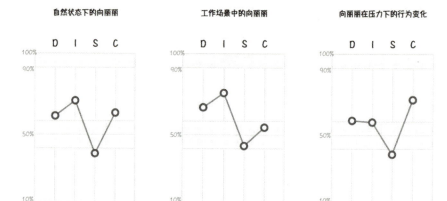

BESTdisc曲线

自然状态下的向丽丽　　工作场景中的向丽丽　　向丽丽在压力下的行为变化

D-Dominance(掌控支配型)　I-Influence(社交影响型)　S-Steadiness(稳健支持型)　C-Compliance(谨慎分析型)

　　向丽丽非常有才能，是独立自主的问题解决者。她的自信、坦率让大家对她敞开心扉；在工作时，她同时关注到目标和质量，会兼顾两者；善于分析、评估情况，也能客观地提出解决方案；遇上困难时，她会马上想出有创意的对策，立即付诸行动，有非凡的创新潜能。

在逆境中看到未来

从流水线工人,变为参与营收近千万元的直播发售私教。

18岁那年,我走出小山村。后来,我做过流水线工人,担任过掌管数亿元生意的企业高管,当过网约车司机,统筹操盘运营过GMV累计达到千万元的直播间……

在逆境中看到未来,摔倒以后站得起来。我看过顶峰的美景,体验过谷底的黑暗,始终不变的是有一颗追求自我价值的心。

不甘现状,敲开大都市之门

1985年,我出生在四川内江的一个小山村。父母长期在外打工,我成了一名留守儿童,与奶奶相依为命。

家与学校之间有一段很长的山路,奶奶的腿因风湿而变形,行动不便。上小学后,我就寄宿在姑姑家。姑姑平时只管我温饱,每次开家长会,我都是孤零零一个人,不像其他同学,都有父母陪伴,自卑感在那个时候开始,植根在我的心里。

20世纪90年代，非常流行港剧，我向往那种白领生活，于是暗自发誓：长大后，我一定要出人头地！我梦想着有一天，当上风光的白领。

上初中后，爸爸回到乡下来照顾我和妹妹。他是个爱打麻将的人，输钱后，经常以打我和妹妹来发泄。他没有正式工作，家里的日子越来越难，妈妈的脾气也变得越来越暴躁。"你看你有什么出息，整天就知道打麻将！"很多次，我看见妈妈跟爸爸吵架后，她一个人躲起来偷偷地哭……

我很心疼她，整个家的重担几乎都落在她柔弱的肩上。脾气暴躁是无能为力的表现，是对生活压力的宣泄与无力的反抗。原生家庭让我很自卑，同时，要改变命运的决心也很坚定：女人不能依靠男人，必须要做个独立自主的女性！

为了尽快摆脱原生家庭的束缚，早点有独立能力，2004年，18岁的我就跟随父母来到深圳打工。坐了三天两夜的大巴，终于来到了小时候无比向往的大都市，我奋斗的人生从此拉开了序幕……

理想很丰满，现实很骨感。没学历，没背景，想要在深圳立足，我凭什么？走在车来车往的大马路上，我对这一切都很陌生，但我知道既然来了，就不可能回去。

我进了一家制衣厂当流水线工人，每天机械地重复同一个动作，我不断问自己：这是我想要的生活吗？当个打工妹，到了适婚的年龄，就找个人结婚生子，孩子大了再出来打工，老了就回去带孙子……

这种一眼就能看到尽头的人生，想想也觉得很绝望！19岁那年，我不顾父母反对，辞掉工作，排除万难，进入一个服装公司当销售。

"你会做Excel？"老板问我。

"我会！"我回答。

其实我是不会的，但为了能够留下来，我可以边学边做。没有销售经验的我，第一个月连一件衣服都卖不出去，要是再不出单的话，老板可能随时让我走人。我心里很着急，于是开始认真观察其他人是怎么销售的。

我发现，他们面对不同的客户，会说不同的话。当客户讨价还价时，会针对他们的需求来解释……我明白了，销售的核心是先获得客户的好感与信任！

晚上，我把白天看到的一切记录下来，进行复盘及演练。慢慢总结出与客户谈单的方法，终于成功出单了！我的表现越来越好，从销售小白变成了销售能手，所有人都对我刮目相看。

锐意进取，成为自己想要的样子

一年后，我又辞职了，因为我想要更大的舞台。我进入了一个服装贸易公司当老板助理，帮助他打理公司的大小事务及对接代理商。我任劳任怨，把公司的事当成自己的事，把每件小事都做到极致。用 2 年时间，我助力老板从 1 间门店开到 10 间门店。

后来，由于品牌方收回了代理权，老板想要追求心中的世外桃源，关闭了所有门店。我第一次失业了，但我并没有害怕。几年的职场历练让我有了抵御风险的能力，我很快就到了一个外国的快销品牌店当副店长。

我第一次看到公司的区域经理时，眼前一亮，她踏着高跟鞋、化着精致的妆、穿着得体的职业装，连走路都是带风的。这不就是我想要成为的人吗？职场女精英！

"向丽丽，你要加油！"我对自己说。

入职后，我遇到了一个难题。这是一家国外品牌的公司，对外语的要求很高，只有中专学历的我毫无优势，但那股刻在骨子里的不服输的精神不允许自己退缩。不会就学，没什么大不了的！

背诵专有名词，塞着耳机听英语，练习日常会话……我几乎连走路、上厕所的时间都用来学习。我再一次成功克服困难，现在的我可以轻松看懂英语文件。

我拼命工作，努力学习，不断总结经验。2 年后，我掌握了全套店铺管理流程及终端人员管理体系，并且带出了月销百万元的团队！

我是一个不甘于现状、锐意进取的人。当我达到一个高峰时,就想去看另一处的风景,于是我辞职进入了另一个公司,当销售督导,我的人生从此走上了像过山车一样的轨道。

2009年,24岁的我开启了玩命的出差之旅。一年365天中有210天,不是在出差,就是在出差的路上。我记得第一次出差是去武汉,为了扭转武汉分店业绩不好的局面。

现在的公司是做高端女装的,单价都在1000元以上。我以前在快销行业积累的销售经验似乎不适用了,恰逢当地的区域经理也是新上任,对分店的情况不是很清楚,如果我想做出成绩,这次的挑战还是有点大的。

面对新挑战,我没想过退缩,必须要在布满荆棘的地方杀出一条血路,来奠定我在新公司的地位。高客单销售,这块骨头我必须要啃下来!

于是,我开始研究销售、心理方面的书,观察店员平时的做法及客户的需求。花了一个月的时间,我的销售能力突飞猛进。当我第一次把上万元的衣服卖出去后,我开心得几乎睡不着觉,这是一个小小的突破啊!

我不断总结经验,月销售量创下历史新高!后来,我带领着团队,创下了一个又一个销冠纪录。

正当我准备大干一场时,传来了一个噩耗,成为我终生的痛。一天傍晚,我在下班的路上,接到一个电话,那个人告诉我:"你妹妹在酒店里烧炭自杀了!"

简直是晴天霹雳!她才23岁,怎么会发生这样的事?我风风火火赶到酒店,看到她已没有了呼吸,我扑通一声瘫软在地上,泪如雨下,嘴唇颤抖,双手捶打着地面,连呼吸都会痛!

妹妹应该是由于家庭的原因患了抑郁症,才会以这样极端的方式离开这个世界。我把悲痛转化为工作的动力,因为我知道,只有自己变得强大,才能保护自己,保护自己想保护的人。

我比以前更拼命工作,终于晋升到公司的核心管理层,每年掌管着数亿元的生意。当我站在25层办公室的落地窗前,将整个深圳尽收眼底,那个自卑的女孩活成了港剧里的主角,但我的心里仍然有一个无法填补的空,于是我去学习心理学、NLP 教练技术。

当你变了,世界就变了。我慢慢学会了释怀与原谅。放过别人,其实就是放过自己。

别人因你的存在而变得更好

2020 年 11 月,为了寻找人生更多的可能,我选择高处谢幕、裸辞创业,开了一个美学工作室,创立服装品牌。可是在疫情期间,实体创业注定是一条艰难的路。不到 1 年,工作室就关门了,亏了几十万元!

为了打发无聊的日子,我开着特斯拉,当起了网约车司机。人生好像坐过山车一样,从天堂"咻"一下跌落到地狱。我在迷茫与绝望的浓雾中迷路了,不知道出口在哪里。

直到 2021 年 4 月,我遇到了人生中的贵人——薇安老师!身处迷雾之中的我,看见了重见天日的希望,她跟我说:"人最大的价值就是,把自己的所学教会别人,帮助他人成长。"

这句话像一声响雷,让我瞬间清醒了。是的,这就是这么多年我一直在寻找的自我价值!薇安老师鼓励我把 16 年的统筹销售管理经验总结出来,赋能别人。

2022 年 5 月,我成为薇安老师"120 小时新女性直播狂欢节"中 12 位"敢死队"队员之一。开始,我还有点担心无法完成 10 万元的 GMV 任务,结果 GVM 累计达成 110800 元!

我发现,销售的底层逻辑其实是一样的,我只是把以前积累的销售知识与经验迁移到直播赛道上。随后,我再次证明自己很适合直播赛道。

5~6 月,我主导及参与操盘运营的直播间 GMV 累计达到千万元!7 月,我被官方选中,担任直播擂台赛 7 大队长之一,率领 7 员大将组建"爆品天团"战队,挑战 GMV 50 万元的目标,实际 GMV 为 652357 元。!

以前,我一直向外寻找自我价值,从小到大渴望被认可;现在,我才明白,人最大的价值就是,别人因你的存在而变得更好!在助人的过程中,我收获了成就感,这种成就感跟金钱、地位、名誉无关。

回顾自己一路走来的历程,从小山村留守儿童,到 18 岁流水线工人,到掌管数亿元生意的高管,到创业失败开网约车,再到现在创下近千万元营收的视频号直播发售导师。人生就像登峰,每一处都有不一样的风景。

感恩能遇上薇安老师,她带我走上个人品牌之路,让我找到了自己的价值,在适合的赛道上发光发热,照亮别人的路,助力他人成长。

关于打造个人品牌的"五个很重要"

很多人问我是如何从 0 到 1 再到 N,打造个人品牌的,下面我与大家分享打造个人品牌的经验,我总结为"五个很重要":梳理定位很重要、转变思维很重要、经营朋友圈很重要、持续输出价值很重要、落实执行力很重要。

梳理定位很重要:定位即定江山

我的打造个人品牌之路,进行了 3 次定位迭代升级。

定位即定江山,但并不是说定位以后,就不能改变。定位是一个动态发展的过程,是根据自身的能力提升、市场环境变化、客户的需求改变来与时俱进地进行调整。

以我自己为例,一开始我的定位是个人品牌美学导师,因为我是服装行业出身的,专门学习过形象美学方面的知识;后来,学习打造个人品牌后,薇安老师发现我对于个人品牌有自己独特的见解,就为我定位为最懂美学的个人品牌教练。在薇安老师"120 小时新女性直播狂欢节"中,薇安老师再次挖掘出我的才能,于是我的定位再次进行迭代升级,于是定位为视频号直播发售导师。所以,定位不是确定了,就不能改变,而是需要不断进行市场验证,不断迭代更新。勇敢迈出第一步最重要。

那么,我们该如何进行定位呢?

在这里,我给大家介绍 3 种比较简单、实用的方法。

行业榜样分析法

找出你的 3 个榜样,研究他们打造个人品牌的历程,研究他们的商业模式。

如果有机会的话,可以跟榜样进行学习,或者约出来请教一下,最后要找到最适合自己的切入点,制订计划,开始行动。

三环分析法

从专业度、兴趣度、价值度这 3 个维度进行思考。每个维度划分为 4 个部分:专业能力得分、兴趣得分、市场需求得分、综合得分,每个部分的分值为 1～10 分。

你根据自己的情况如实打分,最后看看哪一项的综合得分最高,将其作为自己定位的参考。

事件分析法

列出 3～5 件能让自己产生成就感的事件,然后分别写出要做好这些事件所需要的 3 种核心能力,最后对照一下自己的实际情况,从能力上考虑,最符合哪一个事件。

转变思维很重要：思维变了，一切都变了

薇安老师有一句话,至今让我印象深刻:"你变了,世界就变了。"

你才是一切的根源。世间万事万物都只是你内心世界的外在投射,当你看待世界的眼光变了,那么你所看到的世界也会跟着变。

很多人在刚开始打造个人品牌时,都会有财富卡点。认为自己掌握的专业知识很简单,几乎每个人都懂,不值钱。

可是,这个世界上有一个词语叫"认知差"。我们觉得简单是因为自己是这个领域中的专业人员,但是其他人不是这个领域的,不一定知道。我们的讲解可以让他们获得新的知识,受到新的启发,所以,要正确地看待自己的价值。

另外,还有一个最典型的情况就是不敢收费,认为自己的付出不值得别人为之付出高昂的费用。从心理学上来讲,不敢接受别人的报酬,是因为内心有一种不配得感,说白了是因为不够自信。

那么,我们应该怎么解决呢？

首先,我们要明白,每一种付出都值得回报。如果有人愿意为你付费,那就说明你的能力能帮他们解决问题,给他们带来价值,你不必想太多到底值不值得的问题。

有需要就会有成交！打破内在的卡点,相信自己的能力,对自己有信心,有时候敢比会更重要。

经营朋友圈很重要：打造线上商品橱窗

在线上打造个人品牌,朋友圈就是你的主要阵地。无论是公众号、视频号,还是抖音、小红书等公域流量,最后都要引流到你的私域,才能实现

成交。

当你把人引流到你的微信上后,你需要通过朋友圈展示及私聊去达成成交。试想一下,当你加了一个陌生人的微信后,第一时间做什么?是不是会翻看他的朋友圈,对他有一个大致的了解:他是做什么的,性格怎么样,平时喜欢些什么,他看待问题的角度是怎样的……

朋友圈就是一个人的线上社交名片。你输出什么内容,别人就可以了解你什么内容,所以你需要用心去打造朋友圈,让你的这张名片变得更有吸引力。

朋友圈又像一个线上商店。平时逛街的时候,你是不是会被商店的门面吸引而走进去看看?如果你走进去之后,发现店铺装修精美、风格特别、商品陈列整齐,是不是就会产生好感,说不定会消费?

所以,如果你真的想要打造好个人品牌,就一定要经营好你的朋友圈。

那么,如何打造你的朋友圈呢?朋友圈打造,一般分为工作圈(广告圈)和生活圈两大类。

工作圈,又叫广告圈,是用来展示专业能力和变现能力的。平时可以发一些收款截图、客户好评截图、专业知识干货等。

生活圈,用来分享平时的生活,吃喝玩乐的都可以,没有什么限制,只要内容是积极向上的就可以了。生活圈用来展示个人性格、爱好及价值观,让人可以比较全面地了解你,同时让他们觉得你是一个有血有肉的人,不是只会发广告,从而可以拉近你与客户之间的距离。

持续输出价值很重要:形成持久影响力

打造个人品牌,就是打造个人影响力。要持续为别人提供价值,别人才会愿意一直跟随你。这个价值可以是知识上的价值、物质上的价值,也可以是精神上的价值。

例如,我发了一篇公众号文章,与大家分享打造个人品牌的干货,或者是生活、工作中的小事与感悟;我发视频号,跟大家聊聊直播发售的看法,给大家拍一下我的日常生活等；又或者我在社群里进行知识与经验分享，在线下进行演讲，等等。这些都是价值输出。只要围绕自己的人设及专业，输出对别人有帮助的内容，个人品牌就会有价值。输出价值，总的来说，需要你有两种能力：一个是写的能力，一个是说的能力。

如前面提到的发布公众号文章属于写的能力；发布口播类的短视频、演讲等属于说的能力。不管是写，还是说，都是在输出自己的价值。

在进行价值输出时，有一点需要注意，那就是，要站在客户的角度，思考他们需要什么。他们有什么痛点、需求，就为他们输出相关的内容，帮助他们找到解决问题的方法，让人觉得看到或者听到你的内容后，是有收获的，对他们是有用的。

当然，你也可以为他们提供情绪价值，让他们看了你的内容后开怀大笑，或者对往事释怀等。

打造个人品牌要持续输出价值，不是一两次就完了，所以很多人在固定时间更新公众号、视频号，因为只有持续输出，才能维护与客户之间的黏性。如果一直不冒泡，客户很快就会忘记你。

落实执行力很重要：先完成，再完美

放弃的理由有一千个，而坚持的理由也有一千个。有的人因为一个放弃的理由便失败了，而有的人因为一个坚持的理由就成功了。

为什么执行力那么重要呢？因为执行力可以反映出一个人主观意愿的强烈程度。

如果有一个地方你很想去，有一样东西你很想要，那么你一定会排除万难去行动，以达到自己的目标。有的人很轻易就放弃，随便找个理由就不去做，说明这件事并不是太重要。

执行力是进步的核心。不管制订了多么周全的行动计划、多么详细的时间管理表，如果不去实践的话，一切都是空谈。

执行力决定了你能走多远。打造个人品牌是需要有所行动的，需要持续输出价值,坚持与人交流,互换信息,需要通过不断学习来获取最新的资讯。如果只有三分钟热度,开了个头就没有下文,找各种理由停滞不前,是不会成功的。

只有坚持到最后的人,才能得到自己想要的东西。

打造个人品牌不是一纸空谈,而是要脚踏实地去干,去实践、去复盘、去调整、去迭代,再去实践。只有具备高效的执行力,才能不断总结经验和教训,在生活和工作中,迅速改变现状,进行及时的调整,最后到达成功的彼岸。

比如我,薇安老师让我去尝试直播,我就马上把直播开起来;让我更新公众号,我就认真地做起来……

那么,我们该怎么样去提升自己的执行力呢?以下为大家分享我的一些经验。

抓住事情的关键点

去做一件事前,先思考完成这件事的关键点是什么。如果能从关键点入手,那就可以很高效地完成这件事了。

比如,学习这件事的关键点在哪里呢?在于营造自己内心的宁静。

想到通过阅读来获取知识,你需要专心致志去阅读、认真做好笔记,以及记录下自己的问题,方便去查阅答案,或者请教别人。

做事情要有安排和规划

每天应该做什么事情、每个月的任务量是多少,这些都是要事先安排好的。因为只有规划好要做的事情,才能在行动中知道自己要做什么,然后根据规定的时间来不断提高做事效率。

掌握做事方法

学习掌握做事方法,做事效率其实跟方法很有关系。

方法采取得当,能够在一定程度上提高做事效率,这就需要平常自己在做事时去总结。比如,我每次直播完,都会进行复盘,及时总结经验,不断提高办事效率。

我们要在不断坚持中去提高执行力,熟能生巧是有一定道理的。

通过直播,我可以接触到全国各地的人,与他们分享自己的成长经验与知识干货,不用像以前那样到处飞,到不同的地方去出差。可以打破时空的限制,连结全球所有的人。

通过打造个人品牌,我看到人生很多的可能性,这些是我以前无法想象的。原来只需要有网络,仅靠一部手机就可以赚钱,躺在床上,抱着手提电脑就可以给别人上课、讲解知识;坐在家里,就可以连线全球的人,在不同的国度开会,为彼此赋能……

线上轻创业,不需要固定的场所,无须交水电费,无须组建团队,通过直播就可以把东西销售出去,而且一天营收可以达到6位数以上。

新时代的销售,要与时俱进,很多人都想从线下转型线上,把实体生意通过网络平台重新做一次,但他们不敢迈出第一步。因为在视频号直播赛道上,他们不知道有什么规则,不知道怎么操作,没有人可以问,没有人带领他们。

我遇到过太多这样的人了,他们都来问我该怎么办。他们是幸运的,因为他们遇见了我,我能教他们。我把自己16年的销售经验和视频号直播带货玩法相结合,总结出一套独一无二的视频号直播发售体系。

如果你也想开启视频号直播发售,但找不到方向,欢迎你来找我,我会毫无保留地与你分享自己的经验。

在工厂当流水线工人的时候,我曾经问过自己:以后有了钱,我会做什么?

时隔20年后,我终于知道了答案:和你遇见,彼此照亮,然后一起在这个世界上闪闪发光。

我已准备好一切,等待你的出现。

T姐

爆品打造专家
腾讯前资深产品经理
多年互联网大厂产品人

扫码加好友

T姐 BESTdisc 行为特征分析报告
DCI 型
0级 无压力 行为风格差异等级

新女性创造社

报告日期：2022年06月26日
测评用时：08分02秒（建议用时：8分钟）

BESTdisc曲线

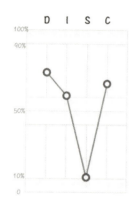
自然状态下的T姐

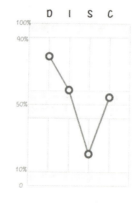
工作场景中的T姐

T姐在压力下的行为变化

D-Dominance(掌控支配型)　I-Influence(社交影响型)　S-Steadiness(稳健支持型)　C-Compliance(谨慎分析型)

　　T姐是一个富有灵性、相当有感染力的人；她非常积极、活跃，喜欢主动与别人交往，喜欢变化，但也注重准确性，律己甚严；她坚定不移地推动自己和他人为取得成效而努力；善于分析事实，总是带着善意去提出自己的想法和严谨地制订计划；更是一个能量满满、当机立断且勇气十足的开拓者，能带领团队不断突破。

做自己的产品经理

一穷二白的农村女孩,通过持续打造产品力,拥有想要的人生。

也许你家境普通,甚至出身贫寒,想要出人头地,只能靠自己;也许你已经有了家庭,各种信息奔涌而来,大小事务千头万绪,经常觉得力不从心,难以破局。

我,曾经是一个一穷二白的农村女孩,通过持续打造产品力,做到了大厂产品总监,现在家庭和事业全面绽放。希望我的故事能给你启发,让你改变现状,过上想要的人生。

确定初心:你是想要,还是一定要?

我出生在湖北随州的一个小乡村,家中有兄妹三人。

上小学时,在大日头下,我一边弯腰插秧,一边担心蚂蟥爬到腿上,常常累到头晕。我想,世界上一定有不用干农活的地方吧。于是,我拼命读书,抓住这根救命稻草。

十年寒窗,我终于成为村里第一个考上211大学的女娃。到了学校,才发现我是班上最穷的孩子。因为兄妹三人都上大学,所以我只能贷款交学费。

还记得那天在学校签完还款协议之后,我一个人走在落满梧桐叶的大道上,眼泪不受控制地流了下来。我感觉自己好渺小无助,就像经受秋风肆虐的树叶,无法对抗季节的变化,更不知道将会被吹往何处。

在校园里走了好几圈,想到在家辛苦劳作的父母,我渐渐平静下来,内心涌起了力量。是的,父母已经为我们兄妹做了最好的托举,既然没生在富人家庭,但我可以做富一代啊。这样,我的孩子就不会再忍受没钱的煎熬了。

我想,我是从这一刻开始长大的。我要凭自己的力量,改变命运,甚至改变下一代的命运!

人要成才,就像做产品,初心很重要。心想事成,心不想,事怎么成呢?只有当你真的想要打造自己、一定要让自己成为精品的时候,才会有持续前进的内驱力。

战略选择:做对的事情,再把事情做对

2008年,我计算机硕士毕业,因为想实现财富自由,放弃了去研究所、国企等相对稳定的单位,抓住了去腾讯做产品的机会。

初入职场,还是大厂,才发现自己那么"小白"。面对打印机,甚至不知道该先按哪个按钮,只能在一边悄悄看着别人操作,再一次次小心尝试。更要命的是,因为眼界和思维的局限,前面3个月,我跟不上大家的思路,经常在方案讨论会上脑袋一片空白,根本插不上话。

那时,我的领导也是一位女性,年纪和我相仿。看着她思维敏捷、指挥若定的样子,我对自己说:既然总有人成功,那为什么不是我?

我要怎么做,成功的人才会是我呢?我只有拼命学习、大量体验产品、不断地向同事请教,就这样一点一点去打通思维,让自己开窍。当时还发生了一件事,让我真正意识到"成年人"这三个字的含义,以及产品经理的责任。

我第一次负责一个全新的产品模块,兴冲冲地按照流程沟通、推进,我以为一切都安排到位了,大家也应该会对我这个新人有额外的关注和帮忙吧。

我怀着激动的心情发了"新产品上线"的邮件,结果,马上有一位老同事提出,有一个细节没有达成一致方案,而且影响了用户体验,不能对外发布。这如同被当众啪啪打脸一般,我心中涌起委屈:明明我和你沟通过了,明明整个项目一直在推进,怎么非在这个关键节点说出来呢?

当场,我就眼泪出来了,如断线的珠子一般,无法控制。可是,哭没有用,事情需要解决。我告诉自己:你不再是一个学生了,没有人有义务天天关注你,你是一个成年人,你必须学会承担责任,哪怕委屈,也要扛起来!

收拾好心情,我硬着头皮和那位同事当面沟通,虽然心里有些许抱怨,但我尽力让自己不表露出来。最后,问题得到了解决,我再次给项目组全员发了解释邮件和接下来的安排事项。

从这一天开始,我真正独立了——积极行动,扛起责任,发现问题,设计解决方案,并将产品推向新的方向。独立,不仅是年纪上的成熟,更是职业素养的成熟。

在腾讯的几年,我从青涩、懵懂的毕业生小T,升级为资深产品经理T姐,开始独当一面。我参与了QQ音乐、腾讯视频的产品规划,这些产品几乎影响到了身边的每一个人。

当我主持产品庆功会时,小马哥等公司领导也对我称赞有加。那时,我内心充满了做产品的成就感,不仅仅因为产品成功,更庆幸自己选对了职业赛道,还拼命地在对的路上奔跑。

在接下来的十年间,我负责打造的10多款产品均从0做到了千万用户量。前年,我拿到公司为我专门设置的一个奖——产品专家奖。

这个时代，很多做出成绩的人，无不印证了选择大于努力，紧跟着趋势走才是最正确的选择。因为无论个人的力量有多大，跟这个世界比也不过是一滴小水滴，你只有处在时代大潮的洪流中，才能有席卷天下的势能。

普通人想逆袭，一定要先看清路，再努力。先跟对趋势，确立自己的核心能力，再持续修炼，成为专家。

产品落地：总有各种问题等你去解决

人生如海，总有跌宕起伏等着你。

当时，我在深圳奋斗，可初恋男朋友在武汉。综合评估我们想要的生活状态后，我决定回湖北。

当时，我看到了云计算的大趋势，也正好有合适的合伙人和团队，我就回到武汉，开始联合创业。从兵强马壮、资源丰富的大公司，到事事从头做起、身兼数职的创业公司，更加辛苦是肯定的，长期出差和加班加点是家常便饭。在坐月子的时候，我甚至还在做方案书，以至于后来眼睛很容易疼。

我们的产品面向中小企业，商务、关系等等因素影响巨大。我作为唯一的产品经理，推进三个项目往产品化方向转型。渐渐地，我发现这种创业真不是我想要的，压力太大，令我难以喘息，也没有很大的成就感，所以在公司拿到两轮融资后，我选择离开，回归互联网大厂。

白天快节奏工作，晚上还要陪伴孩子，几年下来，我的身体亮起了红灯。2017年，我的身体各种问题开始爆发，桥本甲状腺炎、腰椎间盘突出、肾结石。当我趴在医院治疗腰部的时候，真是人生至暗时刻，除了身体难受，心理压力更大：以后，如果没法工作了怎么办？孩子那么小，自己还有那么多地方没去，也还没带着我辛苦了一辈子的父母出去看一看。我想，世界上一定有赚钱和健康兼顾的方式吧？

当我建立了一定的财富安全感，身体也恢复健康后，顺产二宝，我的母爱再次爆发，特别想拥有时间，自由地陪伴孩子。我想，世界上一定有时间自由，同时能对外交付价值且创富的方式吧？

产品价值：取决于你能让多少人受惠

正在我一边休产假带孩子，一边思考未来之际，我看到订阅了几年的公众号"薇安说"推出了"21天个人品牌创富营"。个人品牌、创富，这两个关键词都是我的需求，立即报名！因为薇安老师活出了我想要的生活状态，跟着有结果的人学习是最快的成长方式。

我感觉上完第一节课就值回票价了，想要拥有赚钱能力，尤其是可以持续地赚钱，打造个人品牌是大势所趋！

以前，我只是肤浅地想过个人IP问题，没有如此系统地学习，个人品牌=定位+产品+价值输出+流量+营销+成交，整个流程很清晰，非常有指导意义。

当我听懂打造个人品牌的价值时，那一刻我知道，我找到方向了，以前很多细碎的想法找到了出口。我相信很多小伙伴也有类似的想法，比如说，公众号要不要写？短视频要不要拍？其实，本质上这些都是展示自身或传递内容的方法，唯有知道其重要性且下定决心打造个人品牌，后面的做法才有价值。

我决定要马上开始打造自己的品牌，不管我在哪家公司、在不在职场，这些价值是我自己拥有的长期的金字招牌，这才是我作为妈妈最大的底气。

不过，课程节奏很快，开会讨论定位后，就要孵化个人产品，还要路演售卖。当时的我有点懵，还没搞清楚状况，而群里的有些小伙伴，都在摩拳擦掌地准备"抢钱"了。相比之下，落差巨大，我可是堂堂互联网大厂的产品经理啊,难道是孕傻了?

不知如何做出个人的线上产品,这变成了我的一个痛点,我大受困扰,甚至自我怀疑。万分感激,这个时候,智慧的薇安老师点醒了我,她说我原来在公司锻炼出来的产品力就非常有价值,不仅自己能做产品,还能帮助其他人做产品。

就这样,我的思路被打通了,原来之前是自己身在其中,陷进去了,没跳出来看问题。我十几年来一直在做产品,脑袋里已经有一套完整的方法论和无数实操经验,很多能力甚至都已经内化成我身体的一部分,我可以将其用来帮大家解决问题。

于是,我静下心来,按照我熟悉的产品框架,去分析线上的用户和他们的需求。我观察到传统创业者想转战移动互联网,可不懂当下的用户,更不懂互联网思维与模式;还有打造个人品牌、想要价值变现的人士,没有产品思维,不懂如何让自己的知识和经验转化成产品,落地变现;还有越来越难做的微商和电商,如果不打造出爆品,很难吸引流量和引发口碑;更别说每一位准备创业或正在创业的老板,因新品市场失败率高达80%,大家想做新品,又怕选错方向……

以上种种的用户痛点,在我心中反复震荡。因为我太懂了,这些问题我每天都在面对,所以,我给大家分享爆品思维、提供爆品打造陪跑服务等等,收获了很多好评。比如,我用一个视频故事帮一位创业者直播,单场GMV破50万元;帮近100名学员完成了产品孵化,实现价值变现。

不仅如此,当我产假结束、回归职场后,我用爆品打造的整套方法论,和团队一起从0开始做产品,仅用8个月就在抖音平台卖爆了产品。

这一次从情绪低谷到个人方向的大突破,彻底教会了我一个道理:只要你想,你一定可以掌控自己的生活,因为选择权就在于你。你想要的价值感,可以通过向世界交付的产品来获得。而我们的价值,取决于能解决多大的问题、能影响多少人、帮助多少人。只有不断提升自身价值,才可能被更多人需要,从而掌握人生的主动权和选择权。

打造爆品，你一定要掌握四大思维

爆品是什么？爆品就是针对目标群体的一个大单品，口碑爆棚，销量爆棚，两者缺一不可。

为什么必须打造爆品呢？无爆品，不营销。如果一款产品，本身不够好的话，再伟大的销售也很难把它真正卖爆。或者换个角度来讲，仅仅只是卖爆一个产品，那不足以称之为爆品！

爆品，必须是口碑与销量齐备，畅销与长销兼得。因为如果不计成本地低价出售产品，那要卖爆其实很容易，但那最多是一个难以持续的爆款。

线下开店，或者线上开京东、天猫店，需要打造一个爆品，必须有爆品思维，才能带动全店的销售，否则整个店都会半死不活的。

做短视频，同样要有爆品思维，把一个作品做爆，才能给你自己的账号带来无限的流量，才能有人关注你。

这个就是马太效应，强者愈强，弱者愈弱。

当下，正在创业或者想要创业的人，你们必须做爆品，这才是正确的方式；需要转型的企业，尤其是想转战移动互联网的，在当下的社交新流量时代，也必须做爆品，这是翻身之战；打造个人品牌，那也一样，必须做爆品，这才是保证你完成整个商业闭环，实现影响力、价值感的正确路径，这是胜利的方向。

那么，一款爆品具备哪些特征呢？我们一般看两个方面：第一，是否"天生丽质"；第二，是否"风情万种"。

对应一款产品的"天生丽质"，主要有三个特征：

第一，强需求。

产品必须以满足用户需求为前提，但实际上，我们经常容易误判需求或者臆想需求。

比如说，有人想做一个新品，使用场景在卧室，把吸顶灯和投影仪整合在一起,平时当灯,躺下了可以看电影。听起来很浪漫,其实不成立,真实的情况是,现在大多数夫妻躺在床上,各自拿着手机看自己喜欢的内容。

另一方面,这个需求必须是有强痛点的。比如说,衣食住行这些人人都有的需求,可当下对应的痛点和曾经的痛点已然不同。其中,食品的安全需求就是现在越来越多人共同关注的痛点,如何吃到没有被抛光的新鲜大米,如何买到没有防腐剂的食用油,如何用上没有微毒成分的清洁品,等等。在这些用户痛点产生的地方,谁更好地解决了痛点,谁就有机会打造出爆品。

第二,微创新。

齐白石老先生曾说过,"学我者生,似我者死"。当下,产品过剩,且同质化严重,做跟别人一样的产品就是自寻死路。

想要做爆品,必须要创新。创新,不一定是一种极高层次的降维打击,而是像钻进用户的心里,把自己当成一个真实的普通用户去体验产品,去解决用户的痛点。

小米电视的第二代产品在研发之前有一个很新奇的微创新,就是帮你找到遥控器。研发人员在产品上市之后也表示,有很多人就是因为这样一个小功能去买这台电视的,因为这些人觉得找遥控器是一个很痛苦的事情。

这种四两拨千斤的举措有时候会为一个产品带来成功,这样的行为都是微创新。中国的互联网公司非常擅长这种创新模式,希望传统企业也能重视并落地这种思维。

第三,好体验。

当用户在使用产品时,如果能在这一过程中收获愉悦感和舒适感,那么他二次消费的概率将会大大增加,甚至会主动帮产品做口碑传播。所以,良好的用户体验首先是对产品价值、品牌价值的附增。当我们置身于某一个产品功能的差异化不明显的竞争市场中时,用户体验俨然成为至关重要的产品核心竞争力。甚至可以说,体验的时代已经来临。比如,视频播放平台,除了内容的比拼,视频的启播速度、卡顿率/卡顿时长、画质的清晰度,这些播放体验就是决定用户是否选择使用的关键因素。又比如,所有人公认苹果的产品能给用户带来极致体验,简洁自然的操作方式、艺术化的美学设计,甚至手机边缘光滑的圆角。其实机器打磨不了那么圆滑,这都是全部依靠人工来一个个打磨的。所以,用户体验并不仅仅是震撼性创新,还要把其他竞品没重视的细节做好,给用户超出预期的好体验。

另外一个方面,"风情万种",也有三个特征:

第一,高颜值。

产品要具备可以识别的美,能够让别人看到它的这种美。

第二,高品质。

品质一定要让顾客感知得到,并且可以和竞争对手直接比拼,优于对手;同时设置让用户意想不到的价格,这样的高性价比能够让顾客尖叫,毫不犹豫地想要体验。

第三,有故事。

现在的用户,越来越重视文化底蕴和内涵。故事越有文化内涵,品牌就越具有传播性,传播力越强。

所以,我们在策划、设计产品的时候,考虑产品本身的"天生丽质"+"风情万种",找到与用户产生共鸣的破局点,就能大大提高爆品成功率。

那么,如何从 0 开始,做一款有爆品潜质的产品呢?一定要掌握四个基础思维。

第一,战略思维

爆品起步时,必须单点突破。找准一个破局点,直接切入,做出足够好的产品,集中所有精力和资源,在这款产品上进行突破,做成爆品。所以,必须要有战略思维。舍弃不必要、价值低的事情,聚焦重点方向。

关于战略选择,能做、可做、想做这三环重叠的部分就是该做的。在这一点上,产品的定位和个人的定位是相通的:产品找卖点,个人找优势;产品找渠道,个人找站位。

关于优势和站位,2022 年 5 月爆红的刘畊宏就完美诠释了这个思维的厉害之处。刘畊宏在前 30 年,基本上干啥啥不行,屡战屡败,屡败屡战,最终，他依靠自己最热爱和最专业的健身技能，被所有人看到。所以，找准自己的优势很重要。可是有太多的人，都没有去找自己的优势，最后只能过普普通通的一生。

战略思维也是一种抉择，因为在打造产品的过程中，会面临无数的选择。如果你决心要做出一个爆品，那么在面对高品质的把控、面对用户希望的极致体验、面对引发尖叫的无敌性价比上，你会有衡量标准和判断准则。

希望你能够站在足够的高度上去俯瞰自己的人生，在足够长的时间轴上去回溯你想要达成的目标，你会更懂战略，因为你会永远向前看，围绕对未来的展望，制订合理的目标和实现目标的策略。

第二，用户思维

爆品法则千万条，用户思维第一条。

我在带教学员打造个人品牌的时候发现，很多人遇到的第一个问题，就是没有用户思维，不能进入用户视角，很容易说我会什么、我有什么、我要卖什么。因为这就是人性，人考虑问题，习惯性地先从自己出发，而不是从对方出发。

很多人在做产品或者做内容时，很容易闭门造车，进入"自嗨"模式，结果，倾尽心血做出来的产品，用户并不买单；精心写的文章、拍的视频，没人看，用户不感兴趣。

无论是实体产品，还是线上产品，要想做爆品，最根本的就是要抓住用户的心，和用户做朋友。用今年S+级别的爆款剧《梦华录》为例，请你品一品用户思维。

先看它的人物设定，同类古偶剧大多只关注感情生活这个单一角度，而《梦华录》的三位女主不是傻白甜，一起搞事业，这直接切中了当下"搞钱女孩"的刚需痛点；在封建背景中融入现代视角，将女性独立清醒、自立自爱的品行做出了清晰的展现。

果然女人最懂女人。这部剧的编剧和导演都是女性，从女性的视角出发,不但能让观众看到女性群体的不易,更能让观众感受到女性之间的相互扶持、互相欣赏。剧中没有那些常见的小肚鸡肠、钩心斗角的情节,也没有爹味的刻板印象和规训。

女性观众群体已经觉醒了,也许女导演＋女编剧的组合,才是现代女性向电视剧的正确打开方式。因为,她们站在用户视角上,具备最全面的用户思维。

那么,如何提高用户思维呢？最关键的工具是用户调研。直接去聆听用户的心声,观察用户的实际使用过程,整个产品打造过程都拉着用户参与进来。千万不要脱离了消费者的真正需求,只顾"自嗨"。

第三,创新思维

想要做爆品,必须有创新。要让你的创新能被用户1秒钟感知到,这里也有三个方法可以考虑。

差异化

与其更好,不如不同。

中国的产品,曾经有"山寨""抄袭""模仿"等多顶帽子,现在竞争加剧,大家都认识到差异化的重要性了。就拿互联网的巨头举例,2012年阿里启动无线战略,做了一个社交产品叫"来往"。这款产品从产品定位上看,起初与微信并无大的差别,但微信已经是熟人社交市场的绝对老大,用户并没有迁移的理由和意愿。后来,阿里巴巴做了差异化,从社交领域切入移动办公的细分领域,于是诞生了今天的钉钉。在钉钉之前,人们更多的是用微信同时处理工作和生活,难免会分散注意力,钉钉就反向定位微信为生活社交App,而钉钉则是工作App,用钉钉可以更加专注于工作。2020年,新冠肺炎疫情暴发后,超过1000万个企业使用钉钉来办公。

画面感

以耐克的气垫鞋为例,它是20世纪70年代研究出来的,但限于当时的工艺,气垫是埋在鞋底里面的,用户根本看不到,所以一直不火。直到20世纪80年代末,在鞋底侧面开个小窗,让用户能一眼看到气垫,才火爆起来。

新创企业白小T也是非常懂得利用视频等方式,直接呈现产品的创新之处,一件纯白的全棉T恤,拿一瓶水、一瓶酱油随便泼,直观地展示它的疏水拒污性;创始人穿着一件火山岩保暖内衣,去青藏高原,感受那里极端的气候环境。

科技感

乔布斯用触摸屏技术重新定义了手机、戴森用气流倍增技术重新定义了吹风机,消费者可以强烈地感知到这两个产品因技术差异化所产生的价值,因此快速引爆市场,获得了极大的成功。

像我们在打造面向孩子的智能学习机的过程中,也是不断地将AI智能技术等直接和孩子的点读课本、绘本识别等具体的使用场景结合起来。

第四,迭代思维

2012年3月,字节跳动创立,连续开发了12款应用,都没产生水花。同年8月,终于今日头条跑出来了,字节跳动自此奠定了基础。

你看,谁不是从0到1,谁不是百般尝试,才终于找到正确的姿势?想想学骑车、学游泳、学开车,谁不是动作笨拙、战战兢兢?我最初独自开车上路时,腿都是抖的,可是依然学会了。

我们日常用的每一款产品都是迭代出来的,微信、抖音、特斯拉,甚至深圳这一座城、中国、整个世界都是如此。

我们自己的人生也是迭代的产物。成功的路径大抵如此：从 0→0.1→1→10→N→N+1，从一个最好的内核开始，一步步地持续迭代。

迭代思维，给了我们试错的勇气，尤其是低成本试错，非常重要。打造一个市场化产品的闭环迭代逻辑为：细分市场的需求分析—产品定位—产品设计—MVP 产品研发—渠道推广—产品交付—市场效果验证。不断在实战中调整，把握节奏，循环往复。

写到这里，我发现自己的前半生和产品的生命周期特别吻合：

1. 探索期。从 0 开始，最重要的是初心坚定，确定人生的目标。
2. 成长期。做好战略选择，做对的事情是对人生方向的掌控。
3. 成熟期。持续精进，成为专家，解决更多人的问题，价值最大化。
4. 突破期。破圈尝试，寻求突破，迭代升级，不断进化。

我从低起点起步，用一个个小版本，去和世界交流、碰撞，再根据反馈改进升级，通过不断迭代，一步步靠近人生目标，甚至现在能去帮助别人实现他们的目标。

在这过程中，我经历过一无所有的迷茫，经历过深夜痛哭，经历过失败，经历过被鄙视、被打击；也体会过豁然开朗，体会过能量爆棚，体会过成功，体会过被称赞、被佩服。这个自我修炼的路径，就是我们活过的痕迹，是我们不枉此生的证明。

希望你和我一样，把自己定义成人生的产品经理，依循"初心坚定、战略选择、价值最大化、迭代思维"的产品力打造过程，逐步建立对生活的掌控感，踏踏实实地努力，把自己打造成精品、爆品。

同时，我也希望，未来中国市场上有更多的产品经理，企业老板都能以做产品经理为荣。当下创业唯一的出路，就是坚定地打造爆品。哪怕只有一个爆品，整个企业就可以立足于天下了。

打造爆品是有方法的，中国企业只要把产品市场这一关打通了，就一定会有越来越多的产品和品牌走向世界！

犹红

人力实战导师
人力资源管理师一级

扫码加好友

犹红 BESTdisc 行为特征分析报告

DCS 型

8级　**工作压力** 行为风格差异等级

新女性创造社

报告日期：2022年06月26日
测评用时：07分33秒 (建议用时：8分钟)

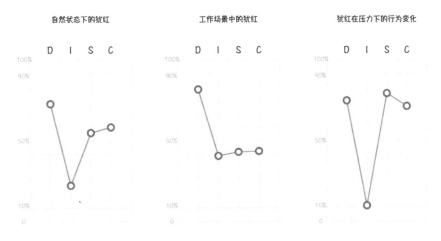

犹红是一个当机立断而且强势的主动开拓者。她内敛，而且善于深思，替人着想，细心周到；天性追求精确性，有非常强的技术/专业特质，非常善于做基于事实的分析工作；无论是对人，还是对事，都喜欢追求高标准，坚定不移地推动自己和他人为取得成效而努力；非常有组织性，能为工作创造出有连贯性、有秩序的结构。

宝剑锋从磨砺出，梅花香自苦寒来

深陷职场困局，凭借实力触底反弹，开启不设限的人生。

翻到这一页，你看到的是一个农村姑娘走上职业生涯顶峰后自主创业、活出美丽人生的故事。

像大部分人一样，我最初的努力只是为了在一线城市存活。我曾担心随着年龄渐长，离职后无法生存，而如今，我是一名帮助企业创造价值的人力实战导师，每天奔赴在各个企业的一线，为他们搭建团队、优化组织架构、挖掘员工内驱力，凭自己的专业，为各家企业赋能，帮助企业创造更大的价值。

在干农活中快乐成长

我长在农村，父母靠种菜养活我们兄妹三人。父母根据土质的不同，在为数不多的水田和旱地里种上适合的蔬菜。

记忆中，每天凌晨三点，木门吱呀一声被打开，父亲穿上水靴，到菜地去摘菜。约两个小时后，木门又被打开，那是父亲回家的声音。啪，客厅的灯被打开，光透进房间，父母忙碌着摘菜，要在6点前赶早市。这就是他们的生活，每天如此。

我们家的农活是一年四季不间断的，除了雨季。种地、砍柴、放牛、割鱼草、晒稻谷，伴随着我的整个童年。从小学三年级开始，每天放学后，我都要到菜地里去拔草、锄地、浇菜。母亲教我所有的农活，如锄地、清掉杂草、播种、施农家肥、浇水，父亲教我分辨、选育菜苗。

从播下种子那刻起，我就盼着它们发芽。每天上学前，我会挑着桶到小渠、池塘边，一担一担地挑水，然后一瓢一瓢给菜浇上水。下午放学后，放下书包，我又挑上桶，一担一担地挑水。那时，我才十来岁，小小的身子还不够高，经常被桶底打伤脚跟。母亲看了，一边心疼，一边抚摸着我的脚，说："乖女儿，妈妈帮你弄个小桶。"

农忙时是农村中最忙的一季，时值夏天，忙完家里的农活，母亲会让我帮亲戚或乡里的老人干活。母亲说："乡里乡亲的，能帮的都要帮一下。"村民们夸我母亲："养了个好娃娃，这么小就懂事了。"母亲总会说："花点时间的事，都是一个村的，哪有不帮的理。"母亲还会跟我说："咱是农村的娃，要会吃苦。长大到哪，都不怕苦，都不会饿着。"

读高中前，我的衣服通常都是表姐给我的；只有学校组织节目或过年，母亲去做了零工，我才能有新衣服穿。奶奶和母亲都会给我讲她们那一辈的事情，在我看来，有饭吃、有衣穿、有书读，就是幸福、快乐的事。

对于学习，父亲的要求是周一至周五，不可以看电视，只准读书、写作业。如果作业做完了，可以早点休息。对于花钱，只要是买书、买本子，只要我开口了，父亲马上就给。

在当时信息并不畅通的农村，父亲每年都会订两份报纸，并且让我们学会看报纸。村子里订报纸的村民并不多，父亲就把看完的报纸借给乡亲们看。

力排众议，供我上大学

转眼高考结束，我考上了大学。

学费给了父母巨大的压力。父亲找亲戚们借，亲戚们都劝父亲，女儿将来是要嫁人的，没必要上什么大学，而且自己身体不好，不要因为供孩子读书而累垮了。亲戚们也来劝我不要上大学，早点打工，家里的经济情况也能好一些。

父亲跟亲戚们说："你们是我的亲戚，我跟你们借钱是为了供女儿读书，孩子考上了，没有不供的道理。你们不想借也没关系，但不能劝孩子不读书。我们这辈子只能跟土地打交道，不能让孩子走我的老路。她想读，哪怕卖屋，我也要供她。"

父亲怕我心里有负担，让母亲跟我聊，让我不要担心，说父亲就是觍着老脸借钱，也要供我上学。我跟母亲说："妈妈，我不想一辈子都干农活，我想读大学。"

终于，我踏上求学的火车。我就读的学校在一千公里之外，在这之前，我去过最远的地方就是县城，没有手机，也没有坐过火车。

父亲对我说："老二，你上学，我本来该送你的，可家里的菜都到了收成的季节，实在无法走开，而且我也不常出远门，我们帮你买好票，你自己注意点，自己到学校，好不？"我说："爸，我会晕车，到时给我买点晕车贴，我自己去学校。"

那天，我坐上表哥的摩托车，到了火车站，独自踏上了前往广州的火车。一路辗转，一个从未去过远方的农村孩子，终于到达学校。

在大学里，我买了辆二手自行车，每个周末上6个小时家教课，一个月也能挣300～400元生活费，为家里减轻不少负担。父母担心我这样影响学习，我都用奖学金来让父母宽心。

漫漫职场路，风云突变

大学毕业后，我从一个小文员慢慢升到主管，收入也越来越高。其间我结婚，生娃。先生开始进入创业期，随之而来的是越来越大的生活压力。在面临职场瓶颈的十字路口，我选择了跳槽，到一家上市公司负责全盘管理的工作。

初进公司，因为部门同事全是4年以上工龄的员工，对这个公司的情况一无所知的我如何融入是个大难题。当我萌生退意时，想到家里的经济状况，我开始摇摆不定。此时，我打电话跟母亲提起我在工作中遇到的困难，母亲说："老二，农村的累都能熬过来，这种投入时间就能解决的事情，你可以的。"母亲的话让我想起童年累并快乐着的日子，我意识到：如果这次退缩了，到新公司依然会面临同样的问题，不如想办法解决。于是，我沉下心来，付出比同事更多的时间去深入了解业务和人力情况，一步步解决公司管理中的问题，逐渐得到了各区域负责人和老板的认可。

那一年，全国各地近百名负责人回公司总部参加战略年会，我是总统筹兼战略会的主要汇报人。不巧，女儿得了肺炎，高烧不止，我在通宵达旦加班的同时，还要照顾生病的女儿。

有一天下班后，女儿扯动着打着吊瓶的手，对我说："妈妈抱，手手疼，妈妈不要上班班。"我的眼泪止不住地往下流，抱过女儿，贴着孩子的脸："妈妈带牛牛，妈妈带最乖的牛牛。"

哄睡孩子后，我一直忙到早上6点，天已经微微亮了。孩子的烧也终于降下来了，我跟先生说我休息1小时，7点钟叫醒我。虽然仅仅休息了1小时，我对自己说：只要你不认为自己累，你就可以精神抖擞地站在讲台上。

年底，公司的项目特别多，大家各跟一个项目，我负责跟进有难度的大项目。在这个节骨眼上，部门两位同事接连生病住院，而此时，项目是箭在弦上，不得不发。

我深知项目是势在必行的,绝不能撂挑子,更没有抱怨的理由,我必须带头把所有项目无条件地完美完成。我跟外部门借调人员进行协助,同时自己承担了两个大项目。每天不分白天黑夜地加班,偌大的办公室里,我常常是最后一个下班的。

为了不让项目进度落后,元旦假期,我带着女儿到公司加班,她坐在我座位旁画画。从项目开始到全部落地,我整整加了两个月班。

就这样,我得到了整个集团上下的认可,也真正在集团站稳了脚跟。这些,都是基于我一点一滴的付出和努力。

然而,集团为了适应市场的变化,进行组织架构的调整,业务重新拆分并组合。我的上级趁此机会外聘她朋友进来,并架空我的工作,移走我手头所有的重要项目,只让我干专员的工作事项。

好不容易站在了被全公司认可的峰顶,却又被打到了地上。我并没想要顶替我的上级,我只想在公司扎实地深耕。如果继续下去,我的核心竞争力将会被削弱。未来,我该何去何从?我一直以为,只要低调、谦虚和努力就可以了,但当时的形势对我的职业发展很不利。

我开始寻求新的机会,不到一周的时间,我就收到了一家公司的录用通知,职位也升了一级。上级看到我的离职申请,既觉得意外,又觉得在意料之中:我知道你肯定会离职,但没想到这么快。我想,从此以后,我要凭自己的努力超越她,实现更大的价值。

以为从此摆脱困境,却跌至更深的谷底

我满怀期待地入职了新的公司。入职一周后,COO(首席运营官)就要求我带领各部门优化人员,优化规模达到公司人数的1/3。接到指令时,我在想:才从一个坑走出来,却又进了另一个巨坑,我是撤退,还是坚守?

夜里，我辗转反侧，一方面想劝自己退出，另一方面又有些不甘心。我又想起了母亲对我说过的话："再累还会比干农活累吗？"我对自己说，作为人力总监，优化人员也是职责内的事，咱不仅得接，还要接得稳稳的。于是，我开始了优化工作，将档案、员工性格、上级评价、过往表现等一一了解、记录后，拟定协商话术策略。

有同事知道我新入职不久，劝我道："姐，说不定你谈完我之后，公司会让你离职呢。"我也在想：会不会等这些员工离职之后，下一个就轮到我了呢。但我同时劝自己，哪怕这样，我也要把这些工作干好，做到问心无愧。

经过一个多月的努力，我和所有要优化的人员零风险、低成本地谈妥了，员工们都毫无怨言地办了离职手续，而公司也在预期内达成了减持成本的目标，COO 告诉我可以顺利转正。

就在我觉得已从谷底反弹时，COO 却因和老板的理念不合离职了，而我，正站在准备转正的门槛上，这次又该何去何从？众所周知，一个公司的 COO 离职，还是在和老板闹翻的情况下，老板不会留下 COO 招的各部门总监的，何况还是人力总监。

老板让我联系了一批猎头，他要亲自和猎头谈人员招聘需求。老板和猎头开会后，部分岗位需求由我对接，部分岗位需求由老板对接。我从这个举动中察觉到了一丝不对劲。

有一天，一个猎头对我说："姐，我看你做事挺认真的，但你老板也让我们推人力总监，他没让你知道，我想提醒你留意一下自己的处境。"听到这消息，不安和无力感充斥着我的全身。我问自己，是再次找工作吗？还是继续努力，争取再次得到认可？我又想，这么大的坑，我都跳出来了，再给自己一次机会。

此时，正值公司反弹、大扩张的阶段，我每天都忙到晚上 12 点才下班，到家匆匆洗个澡，又继续加班。辛苦之余，更多的是委屈。就因为我是 COO 招进来的总监，不管我如何兢兢业业，都注定了我会出局，但我仍给自己打气：看看自己承压的极限，如果注定不能翻盘，我也认。

经过努力，我和 2 位同事在全国招聘到 80 多名业务人员，极速地补充了公司的空缺,第二个月在全国各区域招聘了130多名员工。劳累过度的我,在一个月里暴瘦了8斤。

  我的心态由此也越来越坚定:我想靠能力逆风翻盘,我想创造奇迹!这个奇迹就是COO或总经理招的前任,是可以因为能力和业绩翻盘留任的。

  后来,发生了一件事,彻底改变了我的处境——

  跟了老板8年的财务总监,承担着在快速扩张过程中的巨大压力。她在提醒业务流程中的不合理事项时,老板不理解并责骂了她。她委屈地提出了离职,老板却立刻批准了。

  我了解了事情的起因后,转而劝老板:"这个总监跟了你8年,从忠诚度、业务熟悉度和把控风险来考量,她是必须留下来的。因为业务进程太快,业务端有些流程还不顺,而业务都把这个压力倒逼给了财务总监。从风险把控和流程的角度来讲,财务总监的处理并无不妥。这个事情,你有压力,其他各方也有压力,人在压力之下,难免会说气话。财务总监只是觉得自己的初心没被认可,这件事情只要沟通一下就可以了。你平时教导我们,任何事情都是可以解决的。其实你只要说明你当时太急了,她也会理解的。"同时,我也劝财务总监:"你在这个时候离职,不妥。我先把离职申请的流程驳回了。"到了下午,老板打电话挽留了财务总监。

  终于有一天,在我帮公司招到重要核心岗位的工作人员时,老板亲自对我说:"你始终站在公司角度来处理问题,让我刮目相看。从这个月起,你的薪资涨25%。"过了两个月,全国搭建团队的任务基本完成,老板又在原基础上给我涨薪了25%。

  财务总监来找我:"你知道吗?COO离职的时候,老板是不想留你的,但是通过最近你的工作表现,老板知道了你的难能可贵。你凡事都站在公司的角度来处理,认真负责,张弛得当,大气又大度。"

  我终于得到老板和各部门的重新认可!终于又一次从谷底爬起来。

  在这几年中,我带领团队5人,仅用半年,在全国招聘了500多人,帮助公司在一年内拿到市场占有率第一、品牌知名度第一的成绩。后来,在公司转型多条业务线时,我又协助公司在一周的时间内减持成本和调整人员结构。我始终带领团队紧跟着公司目标来走,连续两年获得公司"优秀管理人员"和公司唯一的"优秀团队"称号。

自此,我从一个边缘人,最终赢得了老板的深度认可,一直陪伴着公司高速成长。

总结经验,人生不设限

如今,我已经离开职场,出来创业。成长的点点滴滴,留在我心。回首这些年,不论遇到何种问题和困难,我都会静下心来面对。这跟童年的经历密不可分,也与我父母教会我的为人处世的道理分不开。一路走来,我想把这些年最让我受益、最该坚持的经验,分享给你。

见贤而思齐,时常内省,破圈学习

我不吝于投资自己的大脑,坚持向一切圈内、圈外的人学习。不管工作多忙,在遇到能力和认知瓶颈时,我会让自己走出来学习。不论我的收入如何,我每年都会留出学习的费用。而一次次的学习,也让我在专业领域不断进步。

我坚持考资质认证证书,同时积极连结同行业的大咖,再向大咖付费学习。从踏入职业领域开始,我的付费学习就没有断过。我将学习到的知识又全部融入实践中,形成自己的观点。

当有某个人在专业领域做得拔尖时,我就不断反思、总结:为何他的方式有效?是方式创新,还是思维创新?还是没创新,但细节执行到位?

当听到行业的失败案例时,我会反思:如果是我,我会如何做?我想到的有哪些？没想到的有哪些？我能否做得更好？这个案例失败的根本原因是什么？

深入你从事的领域，深钻一万米

我所在行业，入行门槛很低，但要有所成就，也并不易。越是容易入门的行业，意味着在竞争中脱颖而出的概率越低。

每次面对困难，我都把它当成实践的机会

记得我在上市公司时，做一个关于任职资格的项目，公司领导没有经验，我自己也没有经历过，我的内心既兴奋，又有隐隐的担忧。

领到任务后，我把市面上所有相关书籍都翻了一遍，先看各大成功的案例是怎么做的。同时，我找到行业中的成功案例，继续付费学习。向书本学习，向实战学习，然后一头扎进去实践。

然而，新项目的推进，先要解决的就是内部的同频问题。我跟老板以及其他领导详细沟通目标、瓶颈和想解决的问题，从中协调，尽量融合。

项目启动会的稿子一改再改，最终我从这个项目要解决公司的哪些问题、解决老总们关注的哪些问题、解决员工的哪些问题这三大维度来剖析这个项目的目标，获得了所有参与项目人员的全力支持。

在项目推动的过程中，见招拆招，不断实践

在项目推进到最关键的环节时，我虽准备得很充分，但还是有一些环节超出了我的预判。在项目节点和内容确认会议上，因为认知的不同，大家吵了起来，吵得越来越激烈。

眼见大家各执一词，无法协调，我一边急，一边想破解方法。吵是因为

什么？是利益原因，还是认知原因？我让自己安静下来，一边听他们吵，一边记录问题点。我想，项目是必定要推动的，而争吵也是一种将主要问题显性化的方式。我不应该因为争吵就觉得有问题，其实这正是统一项目认知思维的最好时机。

我站起来，跟各位老总说："项目推进到今天这个节点，已经是进展了一半。我原来一直担心，对于这个项目，大家不会提太多的意见，但今天，大家提出的问题都是真知灼见、一针见血。我希望大家把所有的问题、顾虑都在今天说出来，但更重要的是，我们要解决这些问题。大家的认知和思维趋于一致，才能真心认可这个项目。我将大家关注的问题总结如下……然后，我们针对这些问题，从各位老总的角度来一起看怎么解决。在考虑公司实际的情况下，怎么让项目有效落地，真正发挥这个项目的作用，而不是搞形式化。我作为该项目的负责人，是推动者，而让项目具有远见性和预见性的，是我们各位老总。"

我说完后，各位老总明显一震，继而，一位老总站起来发言："我同意，有争吵，意味着我们要将思维和认知趋于一致，我们把自己认可的点和不认可的点都列出来，以团队的力量来讨论和解决。"

在这次会议之后，项目进展得特别快，大家都站在解决问题的角度来提出建议和优化措施，最终项目成功落地，成为集团年度表扬的项目。

敢于承担压力，不留退路地解决问题

父母的教育，让我在遇到各种问题时，都有面对的勇气。父母的放手让我总能自由地展翅高飞，尽管我也会走上一些坑坑洼洼的路，但因为是自己选择的，所以从未有怨言。

2021年，一些培训机构找到我，让我给大厂的商家做人力招聘的培训。我有点犹豫，一是我不熟悉这个行业，二是有指定的需求，三是我课件都还没准备。在此之前，我并不是商业讲师，也怕讲课讲得糟糕，而且只有10天用于准备，时间太紧。

但我觉得,与其失去,不如全力奔赴,不遗余力地面对。当我解决它的时候,我就会再一次获得成长,我要在能力范围内做到最好。于是,从对接需求,到调查需求,再到课件落地,我每天都从晚上 7 点忙到凌晨 2~3 点。最终,培训大获成功,大家都纷纷点赞说这是最实用的课程。一般的培训,到下午 5 点,学员就走了,而我的培训,到了晚上 7 点,学员还留在教室里不愿离开。同时,我获得了该大厂更多的课程推荐。

曾有一次,我在晚上 11 点接到老板的指令,要在一个城市落实政府的项目,第二天必须要招到人。我跟老板说,现在是晚上 11 点,来不及约人选,让总部出差的同事多留一天,明天和后天留在当地,明天约人,后天面试。

我没有抱怨任务有多么艰巨和不合理,因为,我深知企业的生存就是在抢时间,时间就是效率,效率高,就成本低。于是,我和下属分工,从早上 8 点一直忙到晚上 10 点。因为初次招聘此岗位,我定位了多条路线来筛简历、找简历。我们足足沟通了近百个人选,第二天到访面试人选就有近 30 人,总部的面试官筛选出 7 个合适人选,我们马上安排谈录用事宜,谈妥了 4 人入职。

从接到指令,到人选入职,我们只用了 3 天。我知道这个任务的艰难之处,但我也明白不留退路地解决问题,是最短的路。

所以,亲爱的朋友,如果你也面临着压力,接到了看似无法完成的任务,请你用不留退路的方式来解决,它会给你最大的力量,只有一个信念,那就是必须达成。

接纳当下的不完美,不内耗,善于借力,并协调资源

内耗是人生成长的大敌,会让我们反复纠结和自责,但我,是内耗的阻燃体。我接纳自己当下的优势,更接纳自己当下的不完美。

一件非我擅长的事,我会向同事、朋友、老师借力,让他们拉我一把。与此同时,当我看到他们如何做以后,我会快速学习并跟上,甚至想办法超越。

每个人擅长的点都不同,有不擅长点也正常。我时常对自己说:他们在这个领域已经深入研究了这么久,比你优秀才显公平。但正因如此,你要向他们学习。如果时间不够,那就让他们来帮助你。

若你心态时常波动,内耗会削弱你的行动力。这时,靠近高能量的人,求助并快速调整。

定好目标,先和自己比,一步步扎实地行动

我喜欢给自己定目标,并且一小段、一小段地实现。比如,我规定自己每天要发朋友圈、录视频、减肥、坚持直播。每一个我不擅长的点,我就集中一个时间段去攻破,然后一项一项地完成设定的目标。

不要在最初就给自己定一个遥不可及的目标,那会让我们望而生畏。从小目标开始,它会带给我们达成后的喜悦,从而促进下一个小目标的达成。

因此,当你设定了一个小目标,就要坚定地执行,而不是找理由来推掉。从自己的小进步开始,先和自己比,在认清事实之后,仍旧坚信经过努力可以到达成功的彼岸。

快速行动,快速试错和迭代,快速复盘纠正

很多朋友,对于未知的事项,对于压力和困难,总是各种设想,迟迟不敢行动。要想知道河有多深,我们得下河,摸着石头才知道。

看到别人经过各种努力后达到高峰,我们时常才付出一点时间,就想达到对方的程度。倘若没有达到,就质疑自己的付出,或是怀疑自己的能力。其实任何时候,我们都要认清自己付出了多少,付出和得到始终是呈正比的。

踏出的脚步,可以让我们试错和迭代,在迭代中复盘和纠正。一个完美

的产品、完美的项目、完美的课件，都不是一步到位的，都是经过了无数次工匠般精益求精的打磨才形成的。

如果，你也如我一般平凡、普通，也想在自己的领域、喜欢的圈子里，从被他人照亮，到照亮他人，请你学会行动，学会和自己比，学会敢于试错和迭代，进而迭代自己的人生。

我们不需要矫情的人生，在大是大非面前，分得清轻重。知道自己的目标是什么，然后不遗余力地前进，再害怕，也要让自己镇静面对。抱怨无法解决困难，而面对困难，最好的办法是解决它，并且让自己强大起来。

未来，我将继续服务于更多的企业、更多的HR，实现不设限的人生。我相信，每一个普通人的身上，都蕴含着无限的力量。每个人都有无限可能，别自我设限。

第三章

升级思维，破圈成长

语浠

个人品牌商业教练
商业操盘7年实战派
金豆咨询创始人兼CEO

扫码加好友

语浠 **BESTdisc** 行为特征分析报告
ICD 型
6级　工作压力　行为风格差异等级

新女性创造社

报告日期：2022年06月26日
测评用时：07分09秒（建议用时：8分钟）

BESTdisc曲线

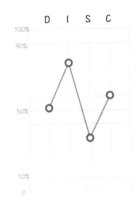
自然状态下的语浠

工作场景中的语浠

语浠在压力下的行为变化

D-Dominance(掌控支配型)　I-Influence(社交影响型)　S-Steadiness(稳健支持型)　C-Compliance(谨慎分析型)

　　语浠既有鼓舞人心的活力，又有细致、严谨的专业性；目标感强，活力四射，很擅长处理棘手问题，愿意独立承担某项艰难的任务，因而是受到人们喜爱、信赖和尊重的团队领导者；她的洞察力和分析力常常会被活泼热情且有人情味的一面所掩盖，其实两者都是她所具备的优秀的特质。

打开思维局限,做自己人生的CEO

90后销冠在主副业齐开花后裸辞,实现人生跃迁。

90后的我,曾是一个世界500强公司10万名员工中唯一的女销售,并且蝉联销冠,参与掌管的业绩过亿元。现在,我放下职场光芒,裸辞创业,成为个人品牌商业教练、研究营销的实战派发售教练。目前已帮助数千位学员,累计变现5~7位数。

别看我现在外表光鲜,看似自带天赋、家里有矿,其实我从职场迈到创业的这一步,也是颤颤巍巍的。

人生不止一种选择,你选择过怎样的人生?

我出生在东北山城,家境平平,父母都是工薪阶层。我小时候,父母连儿童自行车都不舍得买。家里全部的期望都寄托在我的身上,爸妈常说:"你要努力学习,考个好大学,将来找份好工作。这样,才能走出大山,出人头地。"

这种话,是多少父母对孩子的叮嘱。虽然很无奈,但我很清楚,除了靠自己努力,考出这个大山,再没有其他更好的选择了。我立志,总有一天,我会在大城市的写字楼里,像电视里的职场精英那样,穿着套装,精明强干,一呼百应,给家人长脸。

我的学业一路绿灯,但老天就是很爱开玩笑,高考的成绩对于我而言就是落榜了,没能如愿以偿考入京城,只能拿着刚过一本的分数,去了一个二本院校。等我缓过神来,只得认清现实:既然靠学历走不通,那么,我这辈子注定要靠实力吃饭。

毕业之后,我父亲把公务员的备考书籍都买好,放到了我的书桌上。我不甘于回到家乡小城市,平淡地过一生,于是义无反顾地选择留在远离家乡的一线城市,我发誓一定要在灯火通明的繁华都市里有一盏属于我自己的明灯!

初出茅庐的我,放弃了光鲜体面的工作,选择做销售。那个时候,不如现在,销售几乎"人人喊打";另一方面,作为寒窗10年的读书人,骨子里有自带的清高、脸皮薄,去做销售,会有人跟我买单吗?会有人认可我吗?被人拒绝了怎么办?

就这样一边害怕,一边去做。我从一个不为人知的业务小助理,一路"打怪升级",成为一个世界500强公司的业务负责人;从一个遭人冷眼的业务门外汉,到一个被人称赞的业务代言人。

我曾通过一场70分钟的销讲,让现场90%以上的客户下单,营销业绩破百万元;

我曾通过操盘一场线下活动,营销业绩破3000万元;

我曾在24岁时,一个人扛起了集团商学院组建筹备的大旗;

我曾为老板修改PPT 40多遍;

我曾为了业务,一天跑3个城市;

……

就是凭着自己的不服输和努力,我又成为邻居嘴里"别人家的孩子"——红毯和镁光灯再熟悉不过,对鲜花、掌声、老板的赞许也习以为常。

可这光鲜的背后,忙到不足五个小时睡眠的时候,只有自己知道。通宵达旦地修改方案,早出晚归地转战奔波,也曾被老板骂得躲在洗手间里偷偷哭泣,但又一次次地踩上高跟鞋,奔赴下一个征程。

我一直觉得,累点苦点也值得,只要给爸妈长脸,为家族增光,在职场上是领导身边的红人,这就很不错了,人生拼的不就是这些吗?

直到 3 年前,我去鬼门关走了一回,一切都变了……

打开思维局限,找到事业的第二赛道

2018 年年底,我操盘了集团的一场大型营销活动。老板对这场活动非常重视,除了当天整个集团的人会关注,现场还会来很多上下游的合作方。这不仅是公司来年业绩的重要节点,更是展现公司形象、树立品牌与推广的关键。

我连续奋战了几十个日夜,死磕策划方案的锁定、落地以及执行,最终结果如愿,皆大欢喜。然而,我的身体开始报警,每月总会高烧三天,持续了几个月,直到最终免疫系统全线崩溃。

25 岁的我,躺在手术台上,经历着十级疼痛,5 公分深的刀口,每天都要重新切开 1 次。即便如此,朝夕相处的同事、器重我的老板,没有人关心我的病情,连一句安慰的话都没有,只会问:"方案在哪里?""这个策划案如何进行?"

那一刻,我感觉多年的打拼都成了笑话。被推进冰冷的手术室、面如死灰的我,看着麻醉药一点点被注入我的体内,意识逐渐模糊。醒来之后,我心底里迸发出的只有一个想法:我再也不要这样活了!我想重新活一次,为了我自己!

我拿着一张机票,用一个 26 寸行李箱装上全部身家,只身一人来到举目无亲的浙江,开始了新征程。我要去寻找属于自己的人生方向和答案。

在接下来的3年里,我去了全国40个一二线城市,飞了312457公里,一年要住312天酒店,拜访了2000余人;同时,我奋战100天,通过了教育局全国统一考试,并利用双休日完成了双一流院校的研究生学业,最终以高分论文结业。

取得这些成绩后,我以为自己会很幸福,可每夜躺在床上时,我发现,还是没有找到自己的立命之本和心之所向,我依旧没有获得我期待的那种人生成就感:如果我还是继续跑业务,在40岁的时候,可以坐到哪个高位?如果没能坐到高位,我还有机会过上自己想要的生活吗?又或者,要不要回到北方,回到老家去?

不敢再往下想,越想越无望。这样下去,早晚有一天会走丢。说到底,我们终其一生,无论是升职加薪、出人头地,还是下海创业,都是想追求健康、智慧、贵人、幸运和财富,不是吗?只是,我们到底有没有想清楚,自己要以什么样的方式去实现呢?而我们自己,又想成为谁?

为此,不知道在多少个夜晚,我站在阳台上,远眺车水马龙和商场虹霓,忍不住流泪。白天工作时,也提不起精神,感觉浑身有一股子力气,但无处释放……

我开始向外求助,去连结高手、去付费学习、去扩大圈层。我期待着,能遇到一位智者,为我指点迷津。

直到有一天,我在全球新女性IP创业导师薇安老师的公众号上看到了她的一篇文章,真的是备受鼓舞——很多人不能走出困境,都是因为没有思维架构、认知不足,其实每个人都有无限的潜能,思维一变,市场一片!每个人都是一座待挖掘的宝藏,而不是存在于爸妈的期待里、周围人的嘴里!

听了薇安老师的故事之后,我顿悟了。我原以为通过不断上位,获得职场成功,才算是人生的胜利。这是多么狭隘的思维误区。

走出去后,我认识了很多圈外的人士,这里面不乏智慧、成功的女性。他们的故事都为我印证了同一个道理——那就是人生自我价值的实现,不仅仅局限于职场,真的还有很多种方式,我完全可以开启事业的第二赛道。

我立志以薇安老师为方向,努力成为一个小薇安!

从 2021 年 7 月起，我把假期、休息日以及一切能用起来的碎片时间，全部都投入到了自我提升以及个人品牌的打磨中。接下来，神奇的事情发生了！

早在我上大学时，就开始了付费学习，并成为培训讲师，至今已有整整十年的时间，所以我的讲台经验丰富。恰好我又从事营销工作多年，有大量丰富的线下实体企业的驻店辅导经验，加上世界 500 强公司的工作背景、曾赋能几百个商家的业务经历，经过薇安老师的指点，我高度提炼了营销、经商和管理的经验，将自己定位为个人品牌商业教练。

我通过个人品牌的轻创方法小试牛刀，实现了 6 分钟变现 40000 元，获得了创业的第一桶金，而且，还把我的营销方法和实战经验传授给学员，获得了大量好评，极大地增强了我的信心。

被薇安老师彻底打通了商业思维的我，找到了自我成长的前进方向和动力，我在主业职场也有了极大的起色和突破——我被选为公司业务代言人，出席集团年度经销商大会，进行投资人的业务报告，而且在半年内，实现了一次升职和两次加薪！

我在短短数月里，实现了主副业齐开花，并且获得了我想要的人生成就感。

2022 年 4 月，我选择裸辞创业，同时参加了"全球个人品牌教练认证班"，考核堪称"个人品牌届高考"。我连着 14 天熬夜学习，一举通过考核，成为新女性创造社首批认证的个人品牌教练。

目前，我已经成功赋能了 100 多名学员，实现创业或者商业迭代，她们有的能力得到了突破，有的实现了业务破局，取得了不错的成绩。在帮助别人找到价值的同时，我看到了自己的人生价值！

有长辈说我，小小年纪竟能如此通透，而这一切，我都要感谢薇安老师，是她让我开智，让我在人生的十字路口没有走错路，找到了自己的方向，找对了人生感觉。

抓住趋势，实现人生跃迁

人们常说，90后这一代人，没有理想和拼劲，只会躺平和安逸。我想说，不是的，我们有更为先进的想法，更懂得抓住趋势，甚至有很多较我年长的人都来找我付费学习。

正如你所见，我从一个默默无闻的销售业务员，到敢做敢当的自主创业者，人生经历了好几次跃迁。其中，我觉得有以下几个关键步骤，可以分享给你。

第一步：找到自己的职场差异化竞争力

我刚踏入职场不久，就留意到身边同事形形色色的工作状态及其相应的发展结果，就知道天花板在哪里了。

那时的我，就已经开始思考，如果将来遇到了事业瓶颈，该如何面对。要像其他人一样，抱怨环境不公，接连跳槽吗？还是一样地混日子，过了几年，完全没有晋升？又或是攀关系送礼，以保自己的一席之地吗？我发现，真正能够长久站在高位的人，都是靠实力。

于是，当我还只是一个销售员时，我就给自己更高的定位——业务负责人，尝试着站在老板的角度去思考业务的发展，如何给公司搭建渠道、引进项目、创造更多的收入？正所谓，屁股决定脑袋。接下来，我带着这样的心态和视角，开始尝试行动。比如，我会四处留意目前最热议、最有口碑的商业沙龙或课程信息，有时间就报名参加。这些年，我一直保持着一个习惯，每年都要精选一门商业类或成长类的培训课程去学习，保持自己思维和认知的与时俱进。

若实在没有这方面的渠道资源，可以去微信视频号直播广场搜索一下排名前几的老师，他们通常都有一些独树一帜的见地。

另外，最好报名线下课或沙龙活动，因为沉浸式的课堂会更有利于对知识的吸收与理解，减少注意力的分散，更专注地思考业务。在这个过程中，可以把自己当作老板，多问自己，如果我是老板（或业务负责人），我该如何去做？这个方法应该如何落地？

事实证明，这样确实是成长最快的方式，这也是为什么我的老板更愿意听我汇报，以及我能服务越来越多高净值客户的原因。

第二步：做好人生路径规划，最好的起步方式，就是打造个人品牌

其实，在职场也好，独自创业也罢，终究是因为缺乏生存安全感，个人危机感太强。随着社会的进程加快，似乎中年危机已经提前至 30 岁。大多数人怕的不是丢掉工作，而是由于缺乏核心竞争力被淘汰。

我不希望自己褪去了世界 500 强公司的背景光环后一无所有；也不希望客户认为我徒有虚名，只因为我在公司的某个职衔而高看我一眼；更不希望，因为我是一个女性，由于家庭、生子、年龄等因素而变得很被动。

我思来想去，研究了大量的成功案例，得出一个令我惊讶的发现，那就是在任何时候、任何人生阶段，但凡能够做好自己的个人品牌，都有无限可能。在个体崛起的时代，我们可以通过打造个人品牌来帮助别人，也可以让别人找到自己。足不出户，就能在线上实现价值变现。

我的学员 Y 也是个 90 后，曾经在某一线城市的一家中医院工作，虽是正式编制，但年复一年的枯燥工作，让她感觉一眼望到头。这不是她想要的人生，但是离开体制，她又很迷茫，不知道能做什么。

我帮她找到了定位，锁定了她的深耕赛道。多年来，她把业余时间用于各类专业学习和认证，还创有一套古法呼吸的瘦身方法，结合她在中医院工作的背书，我把她定位为 Y 古法呼吸瘦创始人。

然后，我们在此基础上，进行了产品矩阵的完善，并策划了一场发售。

通过产品设计、成交主张、销售流程、沉淀追销等一系列的营销动作,最终当月营收近 12 万元。要知道,这相当于当地一个 200 平方米瑜伽馆的一年租金。

现在的 Y,再也不会因为身在体制内而自怨自艾,自己都惊叹不已,原来真的可以通过打造个人品牌,让自己走出人生困境。这真的是普通人想要开展第二事业,甚至创业的极佳路径。

第三步：学会借势，利用杠杆资源实现整合

我之所以这么快转型成功,主要是利用了两种势,一种是趋势,一种是优势。人生最幸运的事情,莫过于利用时代风口红利,将自己的优势最大化。

我的私教学员 HaHa,是一个 95 后妹子。她年少读书的时候,并未考入双一流学校,只是在专科院校完成了三年高等教育。毕业后,经过了社会大学的洗礼,她慢慢开始意识到自我成长的重要性。

她对我说:"我很想找到自己的成长方向,好好学一把,过上自己想要的自由自在的富足人生。但是,我没有过人的专业能力和学历,我还有机会吗?"

经过几次深入沟通与了解,我发现她的文字具备一定功底,且思想独树一帜,稍加专业练习,就可以发挥出巨大的商业价值。为此,我们决定深耕商业文案写手的定位。

接着,我动用了身边的商业资源,为她引荐了文风相似且带教经验丰富的商业文案教练。经过一个月的集训后,HaHa 的文案天赋马上展现出来了,并协助我完成了 6 个项目的营销文案的编写,获得了一致好评。

更重要的是,她通过商业文案的变现收入,堪比她的月薪,这是她无论如何也没有想到的结果,竟然这么快就实现了自己初步的财富目标,她真的可以将自己的热爱实现商业价值。

除此之外,还有很多普通人从 0 到 1 的起步案例。比如,娟子专注于儿

童学习力的研究,从业 9 年。在遇到我之前,连续 5 年为家长做免费咨询,始终没有办法吸引更多的生源,实现营收增长,为此与合伙人还处得不痛快。自从和我学习了个人品牌打造后,短短一周时间,她的生源增加了 50 人,家长提前交定金,收款 7000 多元。有一位学员 S 是单亲宝妈,很想做出自己的事业,为孩子做出榜样。通过和我学习两个星期的线上业务,从一个字都写不出的人到成为大型直播间的幕后写手,现在风风火火地开启自己的新生活。

美国经济学家弗兰克·H. 奈特有个著名的观点:"决定一个人富有的三个条件——一是出身,二是运气,三是努力。"我想,我的运气是有的,因为我遇到了名师,并发现了自己的天赋;努力也是有的,因为我主动地把握住了个人品牌这个趋势。不仅有了更强的个人竞争力,还在这个过程中找到了真正的自己,实现了更大的人生价值。

人生的意义是活出来的

看到我自己的突破,看到了学员们的改变,最终,我下定了决心,全面投入到我自己喜欢的事业中去,追求自己想要的生活。

从大学到现在,已近 10 年,由于工作的原因,我接触到了形形色色的人。我见过很多不满足于自己的现状、想改变的人,他们总是有各种各样的不错想法,但是最终都无疾而终。

我问,为什么?

"我很忙……"

"我没空……"

"我不专业……"

"挺费劲儿……"

"资金压力大……"

……

就是这样,他们最终又回到了原来的生活里,那个连自己都不满意的现实中。

我最深刻的感受是,只要你想改变,真心想行动,全宇宙都会来帮你实现。2022年3月,我向老板发起辞职流程时,离职谈话经历了好几轮,但我丝毫没有动摇,坦言道,自己要去创业。

辞职的第二天,我便全身心投入到我自己的事业当中。5月,我就做到了一场10万元GMV的12小时直播,我想用我自己的方式,向这个世界发声,给更多人突破的鼓舞和力量。

曾经,我在黑暗中无数次地自我怀疑,现在,我终于找到了我自己!

此刻正在阅读这本书的你,我知道你现在可能过得也不容易,职场996,没有前途,没有希望,不知道该怎么办;也可能,你出身平平,没有背景,没有资源,赤手空拳,想创业却不知道自己能做些什么;也可能,你很想大干一番,却无能为力,周遭充满了否定和不认可……

你害怕的那些,我都懂,那个家境平凡、梦想不凡的你,那个感到迷茫、渴望指引的你,那个周遭全是质疑、不甘现状的你……

今天,我想用我的故事为你现身说法:有勇气,站出来,有梦想,去追求,终有一天,不枉此生!你,才是你生命的主宰者。

我想说,活出自己最好的状态,就是在成长突破和挑战征服。我曾陷入黑暗,更明白对光明的那份渴望;我曾淋过大雨,更明白对有伞撑的期待。所以,我深刻地意识到,与其自己做向上的孤勇者,不如结伴更多的人,抱团前行!

在我探寻自我的上千个日日夜夜中,我终明志:只有教育,才能帮助更多人实现自我价值;只有教育,才能点亮更多人,活出有成果的人生!

我立志,我要用教育点亮人生,用生命影响生命——赋能10万人,打造个人品牌,实现价值力和影响力的双丰收!

我希望,未来更多女性,不必为性别、年龄、家庭所限,都能够勇敢突破,追求自己想要的自信、独立、有价值与智慧的人生！

我希望，未来更多青年，不必为出身、背景、专业所限，都能够逆流而上，追求自己向往的有价值、有成就、创富与圆梦的人生！

我希望，未来更多朋友，不必为定位、资源、技能所限，都能够迎难而上，追求自己渴望的充实、丰富、绽放与美满的人生！

如果你也在职场中产生迷茫，如果你也有创业梦想，欢迎你来找我！我将会把我的毕生所学、毕生所见，毫无保留地分享给你！

只愿你的人生也能充满力量，做自己人生的CEO！

许可

商业文案导师
个人品牌商业教练

扫码加好友

许可 BESTdisc 行为特征分析报告

DC 型

1级　工作压力　行为风格差异等级

新女性创造社

报告日期：2022年06月26日
测评用时：05分11秒（建议用时：8分钟）

BESTdisc曲线

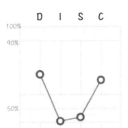

自然状态下的许可

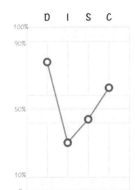

工作场景中的许可

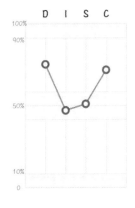

许可在压力下的行为变化

D-Dominance(掌控支配型)　I-Influence(社交影响型)　S-Steadiness(稳健支持型)　C-Compliance(谨慎分析型)

　　许可自信、决断、有魄力，会积极驱动事情迅速开展。她思维严密、善于运用逻辑性的分析和理性的推敲做决定；独立工作的能力强，且不缺少承担艰巨任务的决心；善于分析事实、会透彻地思考，并且仔细地制订计划；对事务的处理方式是倾向于重视逻辑分析、理智而冷静、讲道理的；在社交上，坦率、真诚，与她打交道轻松、直接。

万物皆有裂痕，那是光照进来的地方

曾差点面临截肢的绝境，创业跌入谷底，加入圈子后，实现事业升级。

我曾差点面临截肢的绝境，也曾因为肥胖被中学同学嘲笑了整整 6 年。30 多年来，我被自我否定、自卑和低价值感裹挟，而且常年饱受病痛的折磨。奋力挣扎 37 年后的今天，我终于一步步战胜内心恐惧，蜕变成一个没有内耗、自信满满的自己。

渺小的我在病痛中启程

1985 年的 5 月，在一个地板满是裂缝的小阁楼里，我呱呱坠地。

听母亲说，我在娘胎里营养就不好，所以，我从小就体弱多病，隔三岔五就得去医院报到。

妈妈是铁路列车的集体工人，爸爸开大货车，常年不在家，我一直跟着外公外婆生活。8 岁那年的冬天，特别冷，我正在放学回家的路上，左脚脚踝一阵钻心的疼痛突然袭来，医生诊断是蜂窝组织炎，而后病情迅速恶化，左小腿肿得有正常的 2 倍大。疼到噬骨，夜不能寐，一直持续了两个月，后来甚至恶化到了骨髓。医院最好的医生也说不出个所以然,会诊后,告知我母亲："大概率要截肢,做好心理准备。"

我睁着无辜的眼睛,看着妈妈："妈妈,截肢是什么意思?"妈妈再也绷不住了,把我紧紧地抱在怀里,放声痛哭。我安慰妈妈道："没事的,妈妈。我很坚强,很快可以好。"

人生都有难渡的劫,这场病痛成了小小的我人生的第一道坎。母亲并没有因为医生的话而放弃,她陪我踏上了漫漫求医路,奔走于长沙、上海、广州、北京等各大城市,直至河北的一位老中医给了我确切诊断:骨结核、骨风湿、骨髓炎,给我开了60副不乏蜈蚣、蝎子等各类毒虫的中药,竟然奇迹般地把我的腿治好了。

免去了截肢之痛,拯救了我的人生,也拯救了一个家庭。由此,健康第一的种子懵懵懂懂地在我心中悄然种下了。

可天生体质不好的我,三天两头扁桃体灌脓,莫名其妙得了慢性胃炎、慢性阑尾炎、脑血管痉挛,痛经痛到要打点滴……医院仿佛成了我的第二个家。在我的记忆中,我的整个青少年时光,病痛一直伴随着我。

证明自己的方式,就是开出最美的花来

高考完后,我开始减肥,用节食加运动的方式,一个月减掉了20斤。彼时只有18岁的我,哪里会知道节食对身体的伤害。在那以后很长一段时间里,为了维持身材,我都不敢吃饱。

人生的前20年,我仿佛一回头就能看到那个一直在与病痛、肥胖做斗争,却不屈不挠的小女孩。她对自己要求苛刻,不断追寻更好的自己。带着这股韧劲,2003年大学毕业后,我怀揣3000块钱,打包了2大编织袋行李,南下深圳,开启了拼搏时光。

从地产公司的 HR 小白到最年轻的主管,再到回乡后的基层保险业务员,年轻就是用来试错和成长的,不是吗？我没有任何不适应。

做到保险公司的基层经理,我花了 2 年时间。可大公司复杂的人际关系、一眼能望到头的职场生涯,让我对人生有了新的思考:难道我的下半生就要这样,每天两点一线,早上 8 点半准时打卡,中午边热饭,边在茶水间聊八卦,下午准点下班？

这,不是我要的。2014 年,当我裸辞了这份在家人、朋友、同事看来是金饭碗的工作,开始自己创业时,大家都说,许可你疯了。

前方总有波涛汹涌,我始终坚信,那是还未到达春暖花开的彼岸。**所有的不可能都是从内心开始的,所谓的光辉岁月,并非成功后的闪耀时光,而是在无人问津时,你对梦想的偏执。**

我义无反顾地辞职后,一头扎入创业大军的行列里,创立了活动公司,开始竭尽所能地寻找上下游一切可能合作的资源。与此同时,曾在职场不能自主把控时间的我,有了大把能自己安排的时间,运动也逐渐规律。我从刚开始跑 10 分钟就头晕、恶心,到 1 个小时力量训练后,还能做 30 分钟有氧运动,我的体能有了质的飞跃。

身体是革命的本钱,是我创业拼搏的根基。我曾在零下 4 摄氏度的长沙,挺着怀孕 5 个月的肚子盯活动现场到凌晨 5 点;也曾一天开车 600 公里,辗转 3 个城市,与甲方洽谈合作;生完二宝,在月子期间,电话指导活动现场的工作到凌晨 2 点,只为满足甲方对细节的要求;而夜深人静的凌晨 2 点,家人已沉沉入睡,我还在电脑前眉头紧锁,只为把方案调整得更完美一点……

日积月累,我慢慢把公司经营成湖南省内有口皆碑的大型活动服务商,与数个全球 500 强公司及大型私企达成了长期合作,业务越来越顺。

就当我准备继续大展拳脚时,我的身体开始给我发出预警了:产后水肿难消、肥胖用老办法已经起不到任何减脂作用、稍有不慎就咳嗽发烧而且很难康复……

学生时代的经历不停地在我脑海中闪现,好不容易把身体锻炼得好一点,难道要因为生产回到解放前吗？不,一定有方法能彻底改善我的身体状态,于是我开始留意身边每一条与健康有关的信息。

偶然间,我看到我的母乳指导师发的动态:"在哺乳期,通过营养的方式瘦身40斤,却看不出任何皮肤松弛、面黄肌瘦的减肥痕迹,反而容光焕发。"好奇的我想一探究竟。全面查证后,我意识到:这就是我一直在寻觅的,既能改善身体的健康状况,又能实现健康减重的最佳方案!

营养学打开了我新世界的大门,新的知识体系迅速构建:脂肪需要蛋白质、水分和微量元素这些营养成分才能燃烧,肥胖是营养失衡而非过剩;药物只能控制疾病的症状,营养才能真正修复细胞;宿便并不是身体最可怕的毒素,重金属和自由基对身体的伤害更大……我也由此纠正了很多错误的认知:减肥不能吃肉、减肥就是减重、养胃多喝粥……

在哺乳期,我通过营养调理的方式,成功减重20斤,同时彻底改善了我的健康状况。瘦下来之后,我开始规律健身,专业的营养学知识让我如虎添翼,仅用一年半时间,就练出了自己梦想中的身材。

研读了全球营养学领域的诸多权威著作后,我渐渐砍掉了活动公司的业务,影响了身边越来越多的人让他们改变了健康认知,并逐渐建立了自己的团队。

随着营养事业的深入推进、团队的壮大,我发现工作越来越吃力了。为什么就是突破不了自己?宁愿每天焦虑,也不肯踏出改变的一步?为什么做服务这么难?对客户极致交付,却得不到客户的认同?我开始疯狂地向大团队优秀的领导人学习。我还在哺乳期时,带着孩子飞到重庆、上海、深圳等地,一边学习别人的工作方法,一边开拓市场,但团队的发展一直不好,自己的状态也时而高涨,时而低迷。

2020年,疫情暴发,一切线下工作都无法开展,团队发展举步维艰。本就存在的团队管理问题,此刻更为凸显。当第一波疫情被压下去时,我还抱有侥幸心理,一切都能回归正常;可第二波更猛烈的封城潮来临时,我的意志终于溃不成军。我救不了自己,更救不了团队。

我从来没有系统地学习过商业思维,只凭直觉带着团队往前走。疫情,只是让我本就存在的问题彻底暴露了出来,成为压死骆驼的最后一根稻草。

我知道,我必须求变,要破圈,老方法是出不了新成果的。

水到绝境是风景,人到绝处是重生。就在我个人成长的至暗之时——2021年,我遇到了我的人生导师——薇安老师,她就是我在黑夜中独自艰难前行时的明灯,照亮了我未来的路;她像狂风,吹走我内心的恐惧;她如细雨,滋润我干涸的心田。

踏入这个圈子,我开启了人生的全面迭代。从商业思维、个人品牌打造,到高维智慧和人生平衡……我在学习、实践和复盘的轮回间,实现了思维一次又一次的升级、重组。

从业绩一度停滞不前,到一个月实现3倍业绩增长、100%达成目标;从对个人品牌、商业思维一无所知,到成长为一名新女性创造社认证的第一批个人品牌教练;从自我否定、时常低能,到为上百名学员赋能,帮学员变现4~6位数,成为学员心目中的优秀教练。

我开始将所学新知用于发展团队、培训伙伴,但是我发现,很多问题不是身体上的,而是精神上的。

我的伙伴,90%都是宝妈,宝妈们不仅要担负起照顾、培养孩子的重任,她们还要在事业上有所建树,做孩子的榜样。

"我的妈妈像保姆,她不用上班,整天在家洗衣、做饭。""为什么小明的妈妈那么漂亮?我妈妈那么胖呢?"……童言无忌,但妈妈的痛,只有当过妈妈的人,才能感同身受。

妈妈们不仅想变美、变瘦,更想突破自己、实现自我价值,而不是仅仅围着灶台、孩子两头转。**我终于意识到,光从身体层面帮到女性朋友,远远不够。**

女性成长是终生事业,而多少人被自己思维的墙困住,想突破,却不相信自己能突破,想成长,却找不到懂自己的老师来接受个性化的辅导。我自己就曾被限制性信念深深困住,苦于没有找到一位名师为我点拨。

我太懂那种碌碌无为的低价值感和奋力拼搏后却没有拿到自己想要的结果的感受。我心底那个微弱的声音逐渐响亮起来:你自己从低能、自卑、自我否定中走出来了,身边还有那么多人跟原来的你一样,你应该竭尽所能地拉她们一把!

是的,人这一生,能够毫不费力得到的只有衰老、贫穷和肥胖。既然都不容易,为何不肆意挥洒汗水,让生命绽放得五彩斑斓?既然都不容易,为何不尽我的绵薄之力,用生命影响生命,为世界创造更多价值,留下我来过的痕迹?

可是,我怕我的能量还不足以影响更多人,怕我工作重心的倾斜会对团队造成负面影响,带着恐惧和不确定,我求助了薇安老师。

薇安老师说:"如果你团队有一个比你优秀的领导人跟你做了同样的选择,你会怎么看她?你人生有太多可能性,升级你的事业维度,难道不能更好地赋能你的团队吗?"

一语点醒梦中人,于是我听从了内心的想法:我不仅要在身体健康方面帮助有需要的人,更要从思维层面,帮助她们摆脱限制性的信念,向一切不可能说"不"。我开始花更多时间在个人品牌教练赛道上,通过各种方式积累商业案例,反复钻研薇安老师的教练技术课程。

聚沙成塔,集腋成裘。质变不仅需要量的积累,于我而言,更需要去挑战超出我能力范围的事,我才能更快突破,让一只雄鹰飞翔得更好的方法就是把它推下悬崖。当我加入5月的新女性创造社"120小时直播狂欢节"的时候,我极度怀疑自己:作为才开播一个月的新主播,在直播间从来没有卖出过一分钱产品,第一次挑战大直播就能突破10万元GMV吗?

薇安老师看出了我的焦虑:"Coco,我一直很看好你,为什么你一直不愿意相信你自己?我这么帮着你、带着你,你自己也要争气啊!你再这样下去的话,我真的有心无力,也管不了你了。"我知道,我没有退路了,我只能哆哆嗦嗦、胆战心惊地咬牙走下去。

可邀请嘉宾这种像踩死一只蚂蚁一样简单的小事,我却怕得不得了。自己如此普通,拿什么价值去跟这些大咖互换?但这次被逼上梁山,容不得我有任何"玻璃心",就这样,一点点突破到最后,我的12小时直播顺利完成。我最开心的不是我达成了GMV目标,而是我成功地挑战了我人生的各种不可能!

由此开始,我势如破竹,在新女性创造社带教的私教学员捷报频传,自己的原创知识付费私教产品广受好评,文案订单如雪片般飞来。我彻底打通了知识付费低配得感的卡点,完成了自己多元化的产品布局,不再只依赖管道产品作为单一的变现渠道了!

我的故事只是很多普通女孩不服输、敢想敢做的人生缩影。彼时的少年站在成长的路上,回首过去,一路崎岖早已繁花似锦。

请你发光,而不是被照亮

此刻的我,灵魂有火、眼里有光,并活得肆意绽放。我很普通,但我一直相信,再普通、平凡的人,亦可璀璨。这一路走过来,我有几点心得想与你分享。

试错不可怕,可怕的是连试错的勇气都没有

我一路磕磕绊绊走到今天,犯了很多错误,踩过很多坑。

我大学毕业后回长沙,接触了一个直销项目,结果可想而知。没有足够的人脉、超强的影响力和领导力,是很难做起来的。可是至今回想起来,我从未后悔过当初的选择。我看到了不一样的人生活法,敬佩他们坚持的勇气。这段经历,对我往后做选择起了很重要的作用。

这世上,最慢的脚步不是跬步,而是徘徊。问问自己,如果你遇到了一个让你很心动的机会,你不敢踏出第一步的原因是什么呢?害怕自己做不到?还是怕选错了,浪费时间?我想,绝大多数人都是因为怀疑自己吧?怕自己没有足够的时间,怕自己半途而废,怕自己不如别人……

退一万步,即使选错又如何?失败远比停在原地好,那往往会变成你一生的遗憾。你是不是也经常感叹:要是当时自己勇敢一点就好了。

梦想遥远不可怕，可怕的是连梦想都没有

曾经，我也是个不敢做大梦的人。那些厉害的人，跟我一毛钱关系都没有！我就是个普通人，再怎么努力，也不可能取得多大的成就。

这个根深蒂固的观念是从什么时候开始动摇的呢？是从了解到薇安老师的圈子里，几乎所有优秀的人都是普通人家的孩子开始的；是从帮助很多优秀的老师梳理个人品牌故事时，发现他们的原生家庭比自己糟糕得多开始的……

有那么多出身普通的人都能跨越圈层、绽放人生，那个人为什么不是你呢？你所看到的惊艳，都曾被平庸历练；信手拈来的背后，都是厚积薄发的沉淀。

梦想照进现实，不是空话。别人花 10 年，我们花 20 年去抵达好不好？相信自己的力量，是人生突破的第一步。

自卑、低能不可怕，可怕的是你觉得这理所当然

亲爱的，相信我，自卑、低能是阻挠你成功最大的绊脚石。它们像一具沉重的枷锁，把你束缚在牢狱之中，让你暗无天日。

你觉得你没有办法改变，对不对？我知道，这真的很难，像要了你的命。曾经的我，是一个从不敢对别人说"不"的人；是一个在所有公开场合都躲在角落，看别人侃侃而谈，把脑袋压得最低的那个人；是一个对别人的赞扬不以为然、习惯性反驳的人；是因为别人的一句否定或批评，就要在自己的龟壳里缩上半年的人。

我就从一个需要不断寻找光源、温暖的人，变成了别人的太阳。我告诉你最实用的一招：害怕什么，你就去做什么！先咬咬牙，来个"官宣"，给自己一个时间节点吧！每做完一件让你害怕的事，你都会勇敢、自信很多！

免费或便宜的知识才是世界上最昂贵的

我原来特别喜欢刷某个平台的小课程,几十块的课,我买得不亦乐乎。到现在还有很多课,我根本没学。学过的课,也没多大用处。

你们有相似的经历吗?

原来,我不觉得自己的做法有什么问题,但现在,我意识到碎片化的知识是毫无价值的。只有跟随对的老师系统地学习,才能搭建对的思维框架,将自身独有的优势挖掘出来,形成自己的高价值知识付费产品。

因此,花钱向对的人系统性地长期学习,是改变现状最好的方式。不仅可以接触一位优秀的老师,更能进入一个高能的圈子。

那么值钱的东西,人家凭什么那么便宜就教给你呢?你可以多对比,挑选性价比相对较高、最适合你的,但是,千万不能图便宜!

越强的人越会借力,"我能行"的意思不是什么事都亲力亲为

我原来对人生依赖、独立和互赖这三个阶段不甚理解,为什么互赖是人的最高阶段呢?后来,我逐渐明白:一个人再有通天的本事,要么成绩不好,要么把自己累得半死。

我有幸接触到一些事业成功、幸福感也很高的女性,她们的一个共同点就是会借力。她们做任何事都会用目标导向,动用所有必要的资源,并把每个人的优势发挥到极致,自己做擅长的部分就好。

我原来一是没有体会到借力给自己带来的价值和妙处,二是不好意思开口找人家帮忙。后来,我发现,一是自己的低价值感和低配得感在作祟,二是目标感不够强烈。当你全心全意为达成某个目标去奋力一搏时,就能体会到突破自我和团队协作所给你带来的前所未有的成就感。

爱别人之前,先把心腾出来爱自己

我人生中的前35年都是典型的讨好型人格,心里装着父母的期盼、丈夫的喜好和孩子的愿望,唯独没有自己。两年前,我才幡然醒悟:我到底想过什么样的人生?

你听了太多的"别人说",那些杂音充斥在你耳中,让你忘了你是你自己。现在是时候听从你内心的真实声音,找到自己,为自己而活!

人生所有的美好都是从爱上自己的那一刻开始的。欣赏自己的小优点,无条件接纳自己的不完美。你只有坦然接受自己的过去,才能敞开怀抱,拥抱未来。

你不妨多去看看身边优秀朋友的故事,或读读名人传记,你会发现,他们的成长之路比你艰难得多,去从中感受力量,与过去的自己握手言和吧!

当你心无旁骛地走向未来时,你会惊喜地发现,这个世界跟你一起,变得越来越好了。

打造个人品牌,现在是最好的时机

不管你是否想转型线上,或打造个人品牌,我都有话对你说。

顺势而为,方可扶摇直上;逆势做事,费力不讨好

我身边不乏实体创业的朋友,前几年,赚得盆满钵满。"黑天鹅事件"的出现,对每个实体创业者来说都是致命的打击。有朋友卖房救公司的,也

有朋友用老办法想拼命拓展业务的,但收效甚微,而更多隐退的,是在朋友圈喧嚣许久的各种微商、团购和代购。

在大形势下,这也许是这个时代的缩影,但总有那么一拨人不服输。在移动互联网时代,个体经济崛起,多少普通人通过抓住直播、小视频的风口,一跃而起,被数以百万甚至千万计的人看见和喜欢?

淘宝开店那波,咱没赶上;代购和微商那波,咱还是没赶上;移动互联网经济这波,通过打造个人品牌实现价值倍增,我们要不要赶上?

个人品牌也如商业品牌一样,高端品牌卖高价,三无产品不值钱

贵州茅台和衡水老白干的差价是商业品牌的经典案例。为啥茅台比衡水老白干贵那么多?有人说,茅台不上头,老白干上头。可你有没有想过,衡水老白干你都是一瓶一瓶地喝,茅台是一口一口地抿。如果茅台你也一瓶一瓶地喝试试?举这个例子是想说明,商品之间的溢价率,跟本身品质确实有关,但更重要的是品牌的自身价值。

个人同理,如果我们不通过提升影响力,把自己打造成超级产品,我们的客户、追随者何以在茫茫人海中与我们相认?

单一的变现渠道会越来越难。通过学习个人品牌、打造个性化的产品矩阵,你才拥有抗风险能力

对于这一点,我深有领悟。

曾经,我的变现方式只有一个品牌的健康产品。我对客户、团队伙伴掏心掏肺,可无论我怎么做,在他们眼里,我的脑门上始终写着"卖产品"三个字,专业价值被严重低估,初心被无视。

一个没有自己核心价值的"销售员",所有价值变现都寄托于某款或某

品牌的产品,如何能被人记住?如何拥有自己的粉丝并产生黏性?

货在前,人在后,太累了。

当我观察到当下的粉丝经济模式是让客户不断自主复购的最好方式时,我深刻意识到打造个人品牌的重要性。将货在前、人在后的模式转变为人在前、货在后,我们与客户之间的关系会发生质的改变。货在前,天天追着客户、团队跑,身心俱疲;人在前,客户、团队天天追着你跑,在价值充分展现的同时,变现更轻松。所以,通过打造个人品牌,我规划出 A(文案类原创产品及与各平台、老师合作的产品)+B(薇安成长营个人品牌教练)+C(薇安成长营、功能医学及营养类、高端品牌带货等管道产品)的产品矩阵。

产品矩阵、多渠道收入来源,打造了切合自身优势的个人品牌,不再局限于某一款产品、某单个品牌。随着案例的逐渐增加,影响力进一步提升,成交也越来越容易,由主动成交慢慢转变为被动成交,商业闭环进入良性循环。

身不苦,则福禄不厚;心不苦,则智慧不开。生活不会一直温柔待你,被暴风雨洗礼过的灵魂,才够明亮、清澈。

如果你也想像我一样,从自卑、低能、低价值感、低配得感中走出来;如果你也想像我一样,从传统创业、带团队的举步维艰到线上建立个人品牌,打通商业模式,加快变现步伐;如果你也想像我一样,加入一个全新的圈子,看见自己,内心充盈。那么,亲爱的,请你一定不要停止学习、停止追求的脚步,不要将本是珍珠的自己埋没在沙粒中,这个世界需要你独特的光芒!

不要停下追梦的脚步,哪怕你觉得自己什么都不会

作为个人品牌教练,带教过上百名学员,我发现很多人都有一些共同的问题:想做的方向很多,每一项都不精;或者没有特长,却想打造第二事业,于是陷在迷茫和焦虑中,不知如何迈步。

没有特长,怎么办呢?先确定大致方向,模糊定位,从学习营销起步。

我的文案私教学员 HaHa,刚出校门不久,做着一份非常普通的文员工作。虽然年纪很小,但她不甘于现状,勇敢追梦,不断去寻求人生的另一种可能性。我认识她的时候,她刚开始打造个人品牌,只是感觉自己比较喜欢

写东西,对于今后是否能用自己的文字来变现,并没有信心。

我看了她的文章后,觉得笔法虽然青涩,但文字很有灵气,于是收了她当徒弟,培养她在文案领域深耕。没想到,她第一个月就跟着我接了不少文案订单,短短一周不到的时间,就用文案变现了将近 2000 元,相当于她半个月的工资了!自此,一发不可收,她的朋友圈"HaHa 的诗"专栏,点赞、互动率超高,圈粉无数,她在文案方面的天赋渐渐被无限放大。

如果她被"我只是一个普通的文员"这样的标签困住,那她碰不到我,也无法发现她对文案的热爱。正是因为她没有被现状困住,勇敢地挑战自己,紧紧抓住改变自己的机会,才能在文案领域崭露头角、闪闪发光。

找到热爱,拉长时限,长期主义,持续深耕

并不是所有的人都那么幸运,能在人生很早的阶段就找到自己真正热爱的事,但只要你心里那盏为找寻热爱的灯不熄灭,你就能沿着内心地图的指引,到达热爱的彼岸。

我的个人品牌私教学员昕昱,是华为的前 HR 高管。从高处谢幕后,即使拿到腾讯的 offer,也没有动摇,果敢地选择了健康行业。这条路一走就是 6 年,她在减脂、儿童营养和亚健康调理方面都有了专业的积累。

可在疫情当下,线下事业受阻,转型线上完全不同的商业模式,到底该往哪个方向走?她困惑了,别人通过"健康""营养"这些没有辨识度的宽泛定位,根本找不到她。

成为我的私教学员后,我根据她的热爱和擅长的点,帮她确定了儿童精准营养师(多动症方向)的精准定位,她第一个月就双倍赚回了学费。现在的昕昱,每天都动力满满。对于未来,她有了更多的憧憬和更高的追求。

未来,我和我的团队,将继续为帮助 10 万女性追求身体健康、实现自我价值而不懈努力。

日日行,不怕千万里;天天讲,不吝千万言;时时做,不惧千万事。瀚海可尽,明月可掬。未来,我们共同璀璨。

北炜

个人品牌商业教练

新女性创造社私董

千亿级上市国企管理者

扫码加好友

北炜 BESTdisc 行为特征分析报告
ID 型
4级　私人压力 行为风格差异等级

新女性创造社

报告日期：2022年06月26日
测评用时：06分43秒（建议用时：8分钟）

BESTdisc曲线

自然状态下的北炜　　　工作场景中的北炜　　　北炜在压力下的行为变化

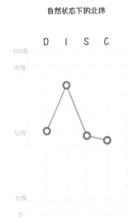
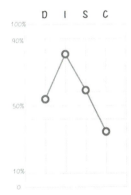

D-Dominance(掌控支配型)　　I-Influence(社交影响型)　　S-Steadiness(稳健支持型)　　C-Compliance(谨慎分析型)

　　北炜有驱动力且能当机立断，执行力也非常强；善于人际交往，而且非常乐观向上；能描绘出一个非常吸引人的美妙愿景或用一种核心目标感来说服和影响别人；慷慨大方，而且是有同理心和支持别人的；最重要的性格特质是乐观、热情，而且容易相处，既可以是鼓舞人心的领袖，也可以是忠心耿耿的追随者。

向前一步,重新定义自己

8年的努力没有换来晋升,半年破圈学习换来职场晋升、副业开花。

曾经的我,人生像一潭死水。工作没什么起色,也看不到未来;生活没有盼头,没有期待,跟老公的关系有点紧张,孩子有时候不听话……

现在的我,在公司带领团队,积极拓展新市场业务,冲刺年度销售目标;同时,还在线上打造自己的个人品牌,找到了更好的自己。

独立自主,追求自己的人生

1980年,我出生在湖南省一个小城镇的普通家庭里。我出生的时候,刚好赶上计划生育政策,妈妈为了保住我的小命,东躲西藏。

小时候,父母在两个不同的县城工作。我身体比较瘦弱,就跟在妈妈身边。妈妈对我倾注了所有的爱,每次全班去打预防针、举办各种活动,她都会陪在我身边,她让我成为一个内心充满爱、自我调节能力强的孩子。

在企业改制后,妈妈出来做生意。由于做事吃苦耐劳,为人善良和气,她的口碑非常好,老客户特别多。妈妈经常告诉我:"女孩子要自己会赚钱,要独立,结婚后说话才硬气。"从小,独立自强的种子就埋在了我的心里。

18岁,我考上了理想的大学,第一次离开父母,来到安徽合肥。上大学后,我的独立意识觉醒,开始勇敢追求自己想过的生活,有了自己的主见。四年的大学时光过得自由而美好。

22岁,我大学毕业,父母为我安排了家乡某央企的工作,但为了追求爱情,我放弃了这个大好机会,选择到海南与男朋友一起奋斗。我进入了一家大型国企,从此过上了两点一线的生活。慢慢克服了对语言、气候、饮食的不适,成为新岛民。

24岁,我和初恋男友结婚。25岁,我成为一个新手宝妈。为了给孩子提供更好的生活,多赚点钱,我妈妈和婆婆轮流帮忙带孩子,我把主要的精力投入到工作中去,参与技术支持、项目运营、客户服务、经营管理等。特别是每年的最后一个月,几乎每天都要加班。全年的关账收入、回款筹划、现金流管控、合作费支付、几十家合作商的年末催款、一百多位业务人员的业绩核算和年终奖发放……每项数据环环相扣,上百张表格要求我必须保持清晰的头脑,我每天都在数据调整和无数电话沟通中度过。

有一段时间,我头疼得厉害,医生说我是因为说话太多,要求我少说话,但在那个阶段,怎么可能因为个人的问题影响全公司的事?我忍受着不适,扛过了那几年紧张、高强度的日子。

经历过公司上市整合、跨省拆分、大项目投标等等工作后,我用了7年时间,从职场小白一步步做到了中层管理,以自己的能力买了一套3居室的房子。那个从小在父母呵护下成长的小女孩,成为一个能够在陌生城市立足,独立自主,并且有能力为家人遮风挡雨的女人。

破圈学习,突破职场瓶颈

我以为日子会一直这样幸福下去,万万没想到,传来了一个噩耗,才56

岁的妈妈患了癌症！简直是晴天霹雳！那么善良、正直的妈妈，上天为什么要对她如此残忍？

在妈妈治疗期间，由于工作繁忙，还要照顾孩子，我无法全程陪伴她，只有年近60岁的爸爸陪在她身边。我30岁那年，不到60岁的妈妈离开了我。

我一直很自责，如果毕业的时候，我选择留在长沙，是不是在她生病时，就可以调用更多的资源，不至于被动等待？如果我有更多选择权，是不是可以全程陪伴她治疗，更及时地与医生沟通她的病情，安排好治疗方案？从小到大护在我身边的人永远不在了，我没有看护好最爱我的人，没有让她享受我带给她的幸福。每每想起这些，我都痛彻心扉，常常在睡梦中醒来，号啕大哭……我用了很长的时间，才走出阴霾。

37岁，我成为一名二宝妈。产假期间，公司有晋升机会。我做了近8年的中层管理，迫切地想往更高的位置走，实现自己更大的价值。我用心准备这次晋升面试，但是最后还是落选了。

接下来的那几年，生活像一潭死水，工作没什么起色，跟老公的关系也有点紧张，孩子有时候不听话，我还会打骂他。由于心情郁闷，身体也出现了问题。

此时，内心有一个声音在召唤我："你甘心人生就这样吗？"我不能这样，我应该去做出改变！我希望能在更大的舞台展示自己，拥有人生主动权，可是出路在哪里？在外人看来，我一切都挺好的，但我迷茫得睡不着觉，像一艘在海上迷失方向的小船。

2018年，知识付费兴起，我拼命报课学习，如搜索术、PPT制作、如何做个智慧妈妈……我试图在麻木的学习中去寻找那根救命的稻草。虽然学习了很多，但我仍然不知道自己想要什么。直到我遇到人生的贵人，接下来的日子发生了翻天覆地的改变。

一次偶然的机会，我遇见了一生的榜样和贵人——薇安老师，她说："成功的人生没有标准，不在乎金钱、名利，而在于做你喜欢做的事，成为你想成为的人，过上开心的生活。这样的人生才叫过得精彩，活得漂亮。"

她的这番话让我如梦初醒。我报名去参加老师的线下课,第一次看到薇安老师,她身上拥有无穷的力量,就像一束光,让人很想靠近。我决定要跟随老师学习,成为她的私董事业合伙人。

高质量的圈层真的很重要,薇安老师的高端会员群里都是精英人士,如各个领域的专家、大咖,思维、格局、视野都很开阔,让我有一种打破圈层的感觉,这正是我所需要的。我开始认真跟着薇安老师学习打造个人品牌。

薇安老师根据我的情况,找出了我最擅长、最有价值的点——超强的商业思维和多年大企业的中层管理经验,很适合做个人品牌商业教练,可以运用多年积累的知识与经验,帮助别人解决问题及助力他人成长。

刚开始,我有点自我怀疑:我真的行吗?但是老师一直鼓励我、指导我,让我信心大增。当时,我的二宝还不到3岁,除了做好主业工作,我每天还要抽时间去学习。

薇安老师的每次线下课,我必到场,认真参与,积极做笔记,周六坐最早的航班到广州或者深圳,周日坐最晚的航班回到海口。这样的日子持续了大概3个月,我没有觉得很累,心中反而充满了力量,以及有了对未来的笃定!

大概半年的时间,我潜心学习,把个人品牌知识与自己多年的大企业管理经验融合起来,形成了一套独特的商业IP打法,经过市场的验证,收获了不错的反响。

在学习个人品牌期间,我的思维被彻底打开,看待问题的角度及处理事务的方法跟以前不同了,在职场上也做出了一些新的成绩,给团队带来了荣誉,得到了领导的高度肯定。

2019年,我晋升为公司的副总经理,终于突破了职场瓶颈,事业又上了一个新台阶!2021年,我带领团队,成功签订了6000万元的业务合同,计划带领团队在2022年向1.2亿元冲刺!

帮助别人成长就是最好的成长

那颗本来悬挂在高处的石头终于落下来了，内心前所未有的踏实，但我自己取得成功不是真正的成功，能帮助别人成功才是真正的成功。我通过学习破圈，打开了更宽广的大门，但仍然有很多人像以前的自己一样，局限在狭隘的思维里，所以我要用自己这套验证过的有效的个人品牌商业打法去帮助别人逆风翻盘。

越来越多人来找我做定位梳理、打造个人品牌及做商业咨询，我针对他们的需求，定制了教学内容，教他们如何提升职场表达能力、提高情商沟通能力、管理好亲密关系；同时，创办主题读书会，带领大家多读书；为大家解读天赋、优势等等。

我已经帮助数百名学员梳理了痛点，提升了他们的自信心和技能，让他们更有勇气去面对生活。原来，我们的知识与经验是这么有价值，甚至可以改变一个人的人生轨迹。我真正体会到教育的意义，以生命影响生命！我实现了自我价值，也因此获得了不错的收入和满满的能量。

根据马斯洛需求层次理论，从底部向上，人一旦解决了生存、安全需求，就会追求社交需求。社交需求是爱与被爱的需求，如亲密关系、朋友关系等等，拥有爱与被爱的能力，才能获得幸福，才会感受到自己生存的价值。

帮助别人成长就是最好的成长，也是这个世界上最有满足感的事情。因为找到了自我价值，我每天都过得很充实。因为自己变好了，周围的一切也会变好。现在，我与老公的关系变好了，跟孩子能像朋友一样快乐相处，身边的朋友、同事、领导也看到了我的变化，也说要向我学习。

回顾这一路的成长，确实不容易，但一步一个脚印，走得很踏实。在打造个人品牌的路上，我觉得有一点很重要：**迭代思维才是进阶之路**。向前一步，才能挖掘自己无限的潜能，拥抱自由和梦想。

最后，分享几点经验。

保持开放的心态和对世界的好奇心，勇敢尝试新事物

马云说："很多人一生输就输在对新生事物的看法上，第一，看不见；第二，看不起；第三，看不懂；第四，来不及。"只有拥有开放的心态和好奇心的人，才能保持旺盛的学习力，才会敢于不断尝试新的东西，从而发现新的机会。

庄子也说："井蛙不可以语于海者，拘于虚也；夏虫不可以语于冰者，笃于时也；曲士不可以语于道者，束于教也。"就是说我们每个人受空间、时间、认知的局限和束缚，过早地形成了固化的世界观和人生观，把自己困在小小的世界里，无法突破。

知识付费的大潮、个人品牌的价值、直播的风口……如果都不想靠近、不想了解，觉得和自己没有关系，就真的不会有任何关系，你以为只是留在原地，但其实已经被抛在了后面。正如《爱丽丝梦游仙境》中红皇后的一句话："你必须全力奔跑，才能留在原地。"

如果我没有选择去付费学习，去靠近我的榜样薇安老师，去加入高质量的圈子，去连结优秀的小伙伴，看到那么多积极的人，我肯定还在焦虑和纠结中停滞不前，活在被自己定义的小世界里消耗自己，抱怨周围的人和事。

人的生活就是一种状态，自己好了，看周围的一切人和事都会很好，就会拥有爱和成长的力量，就会有勇气跟自己说，"我可以"，就会去追求更美好的生活。

如果你现在和曾经的我一样，在职场有些茫然、无助、陷入困境、不开心，我真诚地鼓励你走出去，靠近高能量的圈子、靠近你喜欢的老师、靠近你欣赏的人，想尽一切办法加入他们，从一个点开始，提升能力，让自己更有价值，拥有好的状态和持续成长的力量，跟上时代的脚步。

积极行动，有勇气重新定义自己的身份

我们常说思维改变行为，行为带来结果。你现在的思维认知来源于你

过往的经历，它们能帮助你认识你当前的能力，搞定熟悉的人和事，但是你会发现，现在的思维认知恰恰也是阻碍你继续前行的绊脚石。

亚里士多德发现，一个人如果表现得很有美德，那他最终会成为一个有美德的人，即多做好事，就会变成好人。

改变需要外在的经历，如果不是由外而内地改变，我们的自我认知就会被过去所禁锢，从而导致思想和行为无法改变。没有人会比我们更适合给自己定位。改变想法的唯一方法就是要做一些之前没有做过的事，而这些事正是之前所不认同的事。

我的高端会员金桃，曾经是一名产品经理，在公司待了近20年，一直负责产品线，无法突破。她说以前的自己宁愿把PPT、文字稿都做好，交给同事去演示，也不愿意上台，因为觉得自己不善于表达，会紧张害怕，会出错出丑，所以一直是公司的"老黄牛"，只知道默默地干活，多年无法晋升。

因为我的一次关于表达的主题直播，她购买了14天训练营的课程。在14天的学习中，她认真地完成了视频打卡作业，学到了很多实用的表达技巧，也通过自信心觉察日记重塑了自己的内心力量，她觉得收获很大。

更重要的是，接下来她勇敢挑战自己，参加了公司的一次演讲比赛，获得了第二名的好成绩。她说以前都不敢想。这个行动极大地增强了她的自信心，她开始尝试开会坐最前面、主动找领导汇报重点工作、主动要求参与对外的项目合作……她的一系列行动让领导和同事刮目相看，在半年后的一次竞岗中，她成功晋升为超大项目的操盘负责人，相当于公司总经理助理的角色，摆脱了产品经理的身份，收入也大幅增加。

你是谁，你想成为谁，答案都在自己心里。如何找到那个真实的自己、更好的自己，要通过一次次的行动去实现。外在的转变过程能让自己建立起一个有潜力或者有能力的好名声，这能够在很大程度上改变原有的自我认知。

社会认同及个人名声给所谓的身份内在化提供了条件，从而使我们能够抓住更多机会来展现自己的才能，就有可能升职。随着职位的升高，就又有更多的机会展示自己。如此一来，便形成了一个良性循环。

如果你想成为你喜欢的某一位榜样人物,如果你想晋升,近距离地观察榜样人物在做什么,模仿他,像他一样行事,如积极参与新项目以及新活动,与各式各样的人打交道以及尝试采用新方法去做事等。那些充满挑战的新经历以及它们所带来的成就会改变那些一直限制你的固有行为和思维,让你更加清楚什么是值得去做的,什么是重要的,进而改变你未来的样子,找到那个更精彩的自己。

跨界社交,遇见人生的贵人

一项研究成果显示:人际交往中最常用的两个原则是相似原则和懒惰原则,所以你发现没有,我们都喜欢和自己有相似经历、相似环境、相似身份的人交朋友,同时我们喜欢接触那些容易接触到的人,因为那样不需要付出太多的努力。

你可以拿出一张纸,写下你最熟悉的朋友的名字,如果都是同事、同学、老乡……那你可能很难跟上时代发展的最新趋势,更别提走上更高的位置、拥有更大的影响力。

你需要通过跨界社交去搭建高价值人际关系网络,与不同领域的人建立联系,才能彻底地产生一些不同的看法;遇到困难时,也可以向有经验的人寻求帮助;你有新的想法和观点时,也能得到更多人的支持。

因为没有人能够知道所有问题的答案,或者总能提出正确的建议,建立一个多元化的人际关系网络来弥补自己的缺失,非常有价值。

通过知识付费,搭建高质量的人脉圈是当下触手可及的事。通过人脉圈,你会感知到发展趋势并寻找到适合你的机会、可以与各领域的领袖和精英人才建立联系、可以跨领域合作并创造更大的价值、可以避免思维固化、可以提出有突破性的想法、更有可能获得工作机会……

就像我一样,因为知识付费,跨界认识了薇安老师,跟着薇安老师提升了演说能力、销售能力、目标管理能力、开启了自己的个人品牌之旅。也因为薇安老师创立的新女性创造社,我认识了人生的密友Doris,可以在财富方面去追求更大的成长和价值，寻找更多的人生可能。

贵人可遇不可求，在人生路上，遇到帮助你、提携你、支持你、给你舞台展示、为你托举的人，请牢牢抓住，选择大于努力，人生的几个跳板都是贵人带给你的。

薇安老师就是我的贵人，认识她让我提升了认知、拓宽了思维、走进了高质量的圈子、勇敢地去挑战自己，打造个人品牌、设计自己的课程、挑战长直播……抓住贵人就是抓住了一次跃迁的机会。

试着朝更多不同的方向发展自己，让自己更值钱

我们大部分人刚步入社会时，都是被设计的，被父母、亲戚、周围的环境、当时的大趋势设计成现在的样子，走入现在的行业，通过自己的努力成长为现在的样子。想要重新塑造真实的自己，就需要在你的舒适空间之外去做事，试着朝更多不同的方向发展自己。

如果你喜欢现在的状态，那恭喜你，你很幸运；如果你讨厌现在的自己，或者焦虑迷茫，或者痛苦不堪，或者有点不甘心，那就从让自己更值钱这个角度来拓展自己的能力。

如果你具备过硬的专业能力，那可以尝试提升营销能力；如果你的专业能力一般，也不太喜欢，那就重点在营销能力上深耕；如果你希望财富能得到大幅增长或有安全保障，那就学习一些投资理财课程；如果你觉得你什么能力都没有，那就开始学习和阅读，储备知识……

当今世界是多元化的，单一能力已经无法满足当下的需要，你需要搭建自己的能力矩阵，让自己变得多元化些，并把能力触手向外扩展，与更多的人产生连结，让自己更值钱。

从 2019 年开始，我因为演说力靠近薇安老师，除了演说力，我还学习了百万营销课程、社群发售等营销类的课程，当时在工作中不太需要。但是，随着我岗位的调整，成为副总后，我开始分管新业务拓展，开始带团队，之前所学的营销思维和方法潜移默化地影响着我的决策和判断。我经常感

叹:真是幸运,幸亏我在营销上做过体系化的学习,不然很难扛起这个责任,团队也就无法得到成长,那我在副总的岗位上就会举步维艰。真应了那句话:"世上没有白走的路,每一步都算数。"

正如乔布斯一样,在你刚开始转变的时候,可能并不能发现你的经历会对你产生什么样的作用,也不知道它们能帮助你走到哪里。但是,它们会让你的想法发生潜移默化的改变,在你反思时,能让你明白更多新的东西,促使你找到一些更有意义的方式,对你的工作和生活产生影响。

一个人可能走得快些,但一群人走得更远、更稳。每个人都是一座宝藏,等待着去发现、挖掘,持续探索,就能遇见那个更好的自己,勇敢一点,向前一步,靠近高质量的圈子,接触优秀的人,你会成为更优秀的自己!

佐伊

财富能量教练
宸石资产管理创始人
跨国银行高级风控经理

扫码加好友

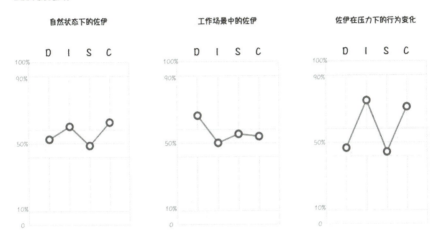

作为一个追求成效的人,佐伊希望能快速开展行动;善于人际交往的她,常常能坦诚交流个人的信念和情感,与各种各样的人保持良好关系;坦率果断、有驱动力和主动开拓能力,也喜欢处理事务性的工作;能营造出一种让别人愿意做到最好的氛围,轻松化解高度紧张的局势;自信、坦率、果断,会努力完成目标。

第三章 升级思维,破圈成长

思维改变和认知迭代,才能创造高价值人生

跨国银行最年轻的风险副总裁,打开财富能量,追求美好生活。

人致富的关键到底是什么?出身?智力?运气?

都不是!是你自己的信念!

我的故事将会告诉你,普通人如何通过修炼自己与财富的关系,吸引财富的到来。我从一个一无所有的大洋洲留学生,到跨国银行最年轻的风险副总裁、资产管理公司的联合创始人,助力他人实现财富自由的目标。

种下财富自由的种子

1985 年,我出生在九朝古都洛阳的一个普通家庭。

在那个上山下乡的年代,父母没有放弃过学习,成为国家恢复高考后的首批大学生,随后进入国企和科研机构,成为受人尊重的骨干人物。他们热爱学习的精神也深深刻在了我的骨子里,他们尽己所能,为我提供良好的物质生活条件。

初中时,我无意中读到了一本书《富爸爸穷爸爸》,第一次知道了什么

叫财富自由。虽是懵懂的年纪,但已经很憧憬能拥有这样的人生,于是,我迫不及待地与父母分享。

"妈妈,这本书好神奇,我未来也要像富爸爸一样,实现财富自由。"但妈妈对财富自由完全没有概念,她觉得能有一份安稳的工作就是一生最大的财富,"你现在不要想太多,只要读好书,以后找一份好的工作就可以了"。

这也是他们对我的期待。高中时,为了让我有一个更好的前途,父母把我送到澳大利亚去留学。

一个人来到陌生的澳大利亚,刚开始时,连与人沟通都是问题,而且我没有绿卡,即使以高分考入精算专业,求职也困难重重。看着同学们穿着西装革履,准备入职,我羡慕得不得了,心里也愈发焦虑。

半年过去了,知名的四大会计师事务所之一普华永道,首次允许成绩优异及实习经历丰富的海外留学生参加面试。我一定要把握住这次机会!我心里暗暗下定决心。经过激烈的角逐,我终于如愿进入了普华永道的咨询部,开始了我内控与企业风险咨询的职业生涯。

普华永道的工作强度非常大,要经常加班和出差,导致我内分泌失调,痘痘一颗颗地冒出来,从面颊一直长到脖子。

有一次,我还得了急性胃痉挛,同事半夜把我送到医院。望着医院长长的走廊,安静中时不时传来孩子的哭声,我在想:财富自由之路真的是要以健康为代价来换取的吗?我感觉赚钱是一件不断消耗力量的事情,让人感到身心疲惫。

为了追寻心中的答案,我跳槽到一家在悉尼的跨国银行。由于工作表现出色,我不到半年就成为该银行最年轻的风控副总裁,年薪加奖金达近百万人民币。银行的工作比以前咨询的工作轻松很多,让我觉得赚钱这件事,选择比努力重要。

工作之余,我还拥有很多自由支配的时间:周末双休,一年有4周带薪假期。每年,我都会带父母去旅行。

一次欧洲之行,在佛罗伦萨的酒庄,我俯瞰着大片碧盈盈的葡萄园,妈妈一边晃动着酒杯,一边满脸骄傲地说:"我国内的朋友和同事一直在夸奖你能干!"

妈妈沉醉在被人羡慕的优越感中,我也觉得自己挺棒的。一边赚钱,一边享受生活,感觉达到了人生的巅峰,财富自由的梦想触手可及。

打开财富能量

很快,我到了 30 岁。

好朋友们在沿湾酒庄为我举行了盛大的生日派对。伴着璀璨的烟花,我吹灭了蜡烛。

蜡烛被吹灭的那一刻,我内心莫名地涌出了一股不安全感。在悉尼这个物价和房价排名世界前列的城市,我要怎么样才能更好地在这里生活?一直以来,我看似衣食无忧、逍遥自在,却从来不会理财。没什么存款的我,被现实狠狠地打了一记耳光!

家里遇到了一场风波,一向什么事都能处理好的爸爸,这次也无能为力。"没事,还有我呢!"我帮父母办理了付费移民,把他们接到悉尼一起生活。父母老了,他们需要我。作为独生女的我,第一次体会到三十而立意味着什么。

认真计算完每个月的收入,扣除各类开销后,竟然所剩无几,我不得不开始动用为数不多的存款,突感肩膀上的担子很重。

我们与金钱的关系,不仅是指怎么去赚钱,还指怎么花钱和用钱来生钱。只会赚钱,不会合理花销和生钱的人,很难积累出财富。看来,我把赚来的钱浪费掉了,财富自由之路也就遥遥无期。

因为找不到金钱的意义,所以也就失去了赚钱的动力。每个月的房贷和日常生活开支,让我对金钱产生了厌倦,甚至觉得钱不是用来解决问题的,而是用来制造烦恼的。

当你对金钱产生负面情绪时,财富就像一个不愿登门的朋友,会远离你。那段时间,我的工作常常不顺心,看不到工作的意义,但又害怕失去工作。找不到人生的价值,迷茫得如同在大海中漂泊的小船,在波涛汹涌的海浪中上下起伏……

一天,我翻出了那本落满灰尘的《富爸爸穷爸爸》,重新读了起来。书中有一句话:"轻松的道路往往会越走越艰难,而艰难的道路往往会越走越轻松。"这句话就像一道闪电,划过黑沉沉的夜空,把我从迷茫中惊醒。是的,我一直走在一条相对轻松的路上。

书中还有一句话:"实现财务自由和获得巨大财富的关键取决于一个人将劳动性收入转化成被动收入或投资组合收入的能力。"原来自己一直在靠出卖时间来换钱,而且是依靠一个平台,卖自己的时间换钱。如果这一辈子我都靠着这个人生经营模式来赚钱的话,谈何自由呢?

这真是一本神奇的书,两次打开了我关于财富的认知之门。我开始付费学习,无意中被Podcast(播客)上的一个标题吸引住了——如何提高金钱情商(Money EQ)来实现财富自由?

金钱还分智商(IQ)和情商(EQ)?这倒是挺有趣的!这个课程的作者是在日本和北美非常有名的财富思维导师Ken Honda(本田健)。

他在课程里说,金钱IQ是指赚钱、花钱以及投资理财,属于技术层面;金钱EQ是指影响赚钱、花钱以及投资理财等行为背后的情绪状态,属于思维层面。

在金钱情商中,人格被分为不同的类别。在性格理论中,有九型人格、色彩人格等,只有了解自己的性格,才能更好地与他人沟通合作。同理,在金钱关系中,也有七种人格,只有了解自己的金钱人格与影响金钱人格的情绪,才能源源不断地吸引财富来到你的身边。

经过测试,我属于赌博式金钱人格。我还一直认为做了7年风控咨询的自己是稳健类型的。回想起自己以前在投资时,大多选择高风险、高回报的种类,比如小型公司的股票、虚拟货币中的新币……经常不听专业人士规避风险的建议,而是抱着赌博式的侥幸心理去做决定。

后来，我在课程中又了解到原生家庭对金钱观的影响，从而更了解自己与金钱的关系的形成原因。父母一直给我灌输稳定赚钱的理念，可当我看到稳定抵御不了风险时，内心就会产生排斥，所以总是会做出相反的行为。

我还跟给世界五百强公司以及哈佛商学院做冥想指导的 Emily Fletcher（艾米莉·弗莱彻）老师学习冥想。每天早上 6:30 起床，先喝一杯曼努卡蜂蜜水后，做 20 分钟的瑜伽或者普拉提来唤醒身体，再做 10 分钟冥想。

通过一段时间的冥想，我更清楚自己的财富目标了，并为自己制订了在 2 年内要获得优质的被动收入的短期目标，还做了相应的计划。

这两位老师的课，我像着了魔一样地去学习，因为实在是太有趣了。在学习的过程中，我不断反思自己与金钱的关系，财富不是靠体力或者脑力赚回来的，而是通过转变信念，从而改变行为而吸引来的。

于是，我把金钱情商课和财富冥想两者融会贯通，形成了自己的一套金钱能量提升方法，并每天实践。慢慢地，我对于金钱的焦虑少了，内心多了几分平和。

弄清楚人与金钱的底层逻辑关系后，我对自己赚钱、花钱及理财的方式进行了调整，工作上也取得了较大的突破。明白了工作对自己的意义后，我开始合理安排做各种事情的时间，并提前做好准备。

我形成了每个月都要存钱的习惯，不一定要每个月存很多，但必须要保证占总收入的一定百分比；在投资理财方面，在旧同事 Liz 的推荐下，结合自己的金钱人格，我选择了高阶地产投资作为自己获得被动收入的突破口。

投资房产是一个长期的过程，变现也没有那么快。其间，我经历了 2 次怀孕，以及 2 次房市起伏。当遇到身体不适或房市低点时，我就会产生焦虑与恐惧。

有时候，真的很想放弃。庆幸的是，我坚持练习财富冥想，通过自我调节及一些工具、方法，提高自己的金钱情商，摒除杂念，聚焦财富能量，用行动去吸引财富。

2022 年，我在房产投资上终于取得成功，每个项目的 ROE（净资产收益率）大于 50%！同时，我也尝试了其他领域的投资，都取得了不错的收益。

35岁的我,在财富积累上,悟出了道大于术的道理。我把这些年来,关于赚钱、花钱及投资理财的理论、方法总结成一套财富能量模型,包括如何去认识自己与金钱的关系、如何进行财富冥想、如何根据金钱人格来选择适合自己的投资理财方式等,从六个维度、十个原理来打造财富吸引力。

家人、朋友用了这套模型后,理清了自己与财富的关系,打开了内心的财富能量,通过投资理财,副业变现4~6位数。运用自己的财富能量知识及成功经验,带领别人走进财富之门,我真的很开心,比自己赚到钱还要开心!

2021年年末,我遇到了薇安老师。她了解了我的学习经历及在财富能量上取得的成果后,让我成为财富能量教练,她说我可以帮助很多人。听取了薇安老师的建议,我把自己整理的知识体系做成了一门课程。

我以前在赚钱、花钱及投资理财上走过不少弯路,差点连把父母接过来生活也成问题。我真的希望大家都不要重蹈覆辙,避开我走过的弯路和踩过的坑。

积累财富能量的原理

各位亲爱的朋友,赚钱真的没有你想象的那么难,只要足够了解自己与金钱的关系,培养金钱情商,财富就会被你吸引过来。

接下来,我与你分享自己多年来积累财富能量的方法,看完之后,你就能感受到财富能量的神奇之处。

提升你的财富能量,才能让财富找到你

当听到"财富"这个词时,你的脑海中会浮现什么画面?是上市公司、海

边别墅,还是银行中的大额存款?

如果上天让你拥有上述的这一切,但要拿走你的健康、家人和朋友的良好关系,而且整个社会都会厌恶你,你还会选择这些吗?

可见,我们追求的财富不仅仅是金钱与物质。财富可以分为六个维度:金钱、关系、空间、时间、精力以及影响力。

振动频率相同的东西会互相吸引,引起共鸣。我们的大脑就是世界上最强的"磁铁",而财富能量便是我们大脑发出的对人生中想要的财富的一种振动吸引。当你学会调整自己的大脑振动频率时,就可以吸引到越来越多同频的人和事物,能量不断叠加,财富形成循环。

你可以通过以下方法,来提升财富能量:

- 敢于梦想并将你的梦想人生可视化;
- 设置清晰和有意义的目标;
- 追随你的兴趣;
- 停止自我贬低;
- 强化自己的潜意识;
- 保证良好的精力管理;
- 提高空间能量力;
- 保持聚焦力;
- 持续感恩;
- 让能量回流,包括接受他人给予、给予他人能量。

能够很好地融入每日生活,并且提升能量场的工具之一就是财富冥想了。

冥想对大脑的功能和结构皆有明显的影响。掌握正确的冥想方法,会让大脑出现 α 波,进而分泌脑内吗啡。养成习惯以后,冥想便能使人体发挥本身的能力,产生更大的创造性。很多好莱坞的明星和硅谷的精英都常年练习冥想,像苹果教父乔布斯就是冥想的虔诚实践者,在办公室中设置了专属冥想空间。

在开始冥想之前,你需要先制作一块梦想实践板,并找到一个舒适的冥想小空间。以下是我自创的财富冥想五步法:

第一步：感恩

感恩你的家人帮你做了什么,感恩身边的朋友,感恩身边的导师和贵人,感恩你所在的这个城市,感恩今天的天气……至少要感恩三个人,并且想你能为他们做些什么,哪怕只是给要感恩的人简单地发个短信,问候一下。

第二步：觉察

觉察自己的负面情绪,全然去感受并接受负面情绪。如果当天有什么事情引爆了情绪,可以先记录下来,在第二天的冥想练习中接受这种情绪。

第三步：长期目标可视化

选定一个梦想实践板上的图片,想象自己就是其中的主角,越详细越好,然后把这种美好、有成就的感觉记下来。

第四步：聚焦自己的中期目标

记住你的中期财富目标必须服务于长期目标。不积跬步,无以至千里。当中期财富目标完成后,就可以根据长期目标,制订下一个中期目标。

第五步：设定今天的目标

如何度过今天？列出3件最重要的事并执行。如果要你列出可以助力你完成中期财富目标的3件事情,它们会是什么呢？

我在开始财富冥想时,通过可视化自己的梦想板,发现想要达到这些长期目标的前提就是要有被动收入。当选定通过高阶房产投资来获得被动收入后,我将中期目标定为在两年内,房产组合投资超过 400 万澳币,净值超过 300 万澳币,每年有 8 万澳币的被动收入。

要知道,我们当年的全部身家才几十万澳币,设立这个目标的时候,我都觉得高得可笑,因为实在看不出有什么方案能在两年内达成这个目标。但冥想会帮你把能量聚焦,在做每天最重要的事情时,方案慢慢形成。只有当你敢向上天说想要,并且目标高于你眼界所能看到的地方时,奇迹才会发生。

虽然我最终没有在两年内达成目标,让我把这个"黑锅"甩给生小钻这件事吧!但三年后,我的目标实现了,甚至超出了预期目标。

只有学会调整大脑振频,聚焦能量,你才能从各个维度真正获得源源不断的财富。以前的我,觉得提升收入很难,但当我拥有了这种能力,明白了自己与财富的关系后,不管是在赚钱上,还是在改善自己的身体状况或者增强人脉上,都更加得心应手。

我的两位好友在和我一起练习冥想后,很神奇地发现生活状态发生了改变。

有一位好友,冥想让她在家庭生活中更加平静,在工作中更能集中精力,她不仅很快升职加薪,而且改善了与老公的关系;另外一位好友,通过财富冥想,找到了自己长期的人生目标和中期的财富目标,也开始了提高被动收入的行动。最近,我刚刚和她做完房产投资咨询,明显感受到了她能量满满的状态。

了解你的金钱人格,才能知己解彼

在七个高效的人生习惯中,有一个习惯就是知己解彼。顾名思义,很多人愿意花时间去了解自己的性格,但大多数人没有了解过自己的金钱人格。

回到我刚才所说的财富能量,其中一个维度就是金钱。在我和本田健老师学习之前,我也不知道金钱人格是什么。

金钱人格分为如下几种类型:

- The Hoarder/ Worrier(囤积焦虑型)
- The Compulsive Saver(强迫性储蓄型)
- The Compulsive Spender/ Splurger(强迫性消费型)
- The Compulsive Moneymaker(强迫性赚钱型)
- The Gambler(赌徒理财型)
- The Money Monk/Indifferent – to – Money(金钱和尚/对金钱漠不关心型)
- The Free Spirit(随意型)

有一些复杂的金钱人格是由以上几种人格混合而成的。

金钱人格不一定是固定的,在很多情况下,会因你的原生家庭和外界环境而改变。

想要改变金钱人格的话,需要借助于一些工具,包括了解家庭内发生的重大金钱创伤事件并进行疗愈。但就好像人的性格一样,每种性格都有阴暗和阳光的一面,最重要的是我们要有意识地运用好的一面,规避不好的一面。

在主流的经济和金融学理论中,行为经济/金融学及人的多样心理状态与经济学理论在现代社会中变得更为重要,我在大学学习金融和精算的时候,也略有接触。

被巴菲特奉为最好的投资书《聪明的投资者》中有这样的观点:"要想一生投资成功,只需要两个因素,有一个正确、合理的思考框架,让你能够做出正确的投资决策;有一种能力,让你控制住自己的情绪,以避免情绪破坏这个思考框架。"

控制情绪的能力取决于你的金钱情商。

财富管理的底层逻辑在于资产配置

财富管理中一个需要掌握的底层逻辑是资产配置。

美国著名激励专家 Tony Robbins(托尼·罗宾斯)采访了世界上最著名的 10 位投资界泰斗后,将所有复杂的投资理财问题用一个核心方案来解决,即资产配置。资产配置由三个配置维度组成:时间配置、资产组合配置和市场配置。

很多人都希望靠投资获得被动收入,实现财富自由。我先不说这个财富自由的数字该是多少,但只有投资份额占资产的一半左右,才有可能改变你的财富结构,进而改变生活水平。

当投资份额大到一定程度的时候,风险控制也变得格外重要,所以一定要找到最适合自己的投资类型。

我自己参考了很多投资界精英的做法,结合自己的目标和风险偏好,将资产配置如下。

第一:稳定账户

这个账户占了我投资的 30%,我称为"长长的雪道滚雪球",主要是养老金和教育基金。我分散投入不同市场、行业、大宗商品的 ETF(交易型开放式指数基金),坚持每两个月定投。

第二:梦想账户

这个账户占了我投资的 10%,我称为"梦想还是要有的,万一实现了呢"。主要用于买一些品牌产品或者带家人度假。我投入比较了解的虚拟货币和私募基金,根据市场来补仓或者套现。

第三:改善账户

这个账户占了我投资的 60%。这个账户是资源+时间+能力的综合体现,主要用于改善家庭的整体财务结构。我集中在澳大利亚房产进行投资,采用现金流加人为增值与开发的综合打法。房产投资的特点在于资本大、风险小、杠杆大,基本没有其他品类的资产有此特性。

　　回到我刚才所说的,只有投资份额达到一定程度,才有可能改变你的生活水平,以及改变你对财富自由的认知。

　　对于普通人来说,房产投资是最容易发生杠杆效应、最容易贷款的资产品类。它唯一的缺点就是流动性差。如果你是一个长期主义者,这项投资就是不错的选择。

　　当然,也不是每种房产类型在市场中都表现优异,同时自带正向现金流和资本增值的房产并不多,但可以采用组合的方式来互补。

　　当我回忆往事时,脑海里如播放电影一样。

　　我仿佛看到那个曾经的自己,从书架上拿下那本《富爸爸穷爸爸》,从此在心间播下了一颗想要实现财富自由的种子。

　　画面快进到了我30岁那年,我看到那个困顿、迷茫的自己,找不到一扇通向财富自由的门。

　　时光回到此时,我通过改善自己与金钱的关系、提高财富能量,找到了适合自己的投资方式,打开了那扇通往财富自由直至精神自由的门。

　　我想把这些年的成长经历及经验分享给更多的人,帮助他们找到财富的密码。也许这就是我的人生使命:帮助更多人找到他们财富的内核,打造属于自己的独一无二的财富能量。

　　人只有实现财富自由,才能真正实现精神自由。但人在实现财富自由之前,首先要把自己的心胸、思维、格局打开,自信、大方地张开双臂,迎接财富的到来。

　　我看很多人,特别是在35岁以后,人生仿佛都在走下坡路:父母年迈,孩子需要照顾,家庭关系矛盾重重,自己想要突破,却找不到方法,每天身心疲惫,更不要谈实现人生梦想和价值了。但是,当你提升能量后,你与家人的关系就可以按照你所期望的那样去改变;工作中遇到的难题,可能因为你的思维改变而找到解决的办法;投资时会有更多的想法,懂得如何合理配置不同的投资内容；你人生中的贵人也会被你吸引而来，助你成功，帮助你实现财富目标。

未来，我希望更多人，特别是女性，不要被原生家庭、年龄和能力所限制，都可以实现自己的价值，能有更多的时间陪伴家人，有更多精力投入在健康上，可以过上无论是物质，还是精神，都富足的生活。

我立志成为一名财富能量教练，深耕于澳大利亚房产投资，借助财富能量工具提升金钱情商以及能量磁场，提供达到财富目标的价值咨询，我立志要助力1000个人实现美好生活！

思维改变和认知迭代才能影响行动，创造高价值人生。

努力虽然重要，但带有明确目标和心之所向的努力，才能让人生的轨道朝着自己所期待的方向去延伸。而我，希望成为陪你走上这段路的同频人。

最后送给你一句话，这是我很喜欢的身心灵导师张德芬说的："你不可能经由一个没有喜悦的旅程，而到达一个喜悦的终点。"

不管你现在的财务状况怎么样，你未来的财富目标是什么，保持喜悦、感恩之心，那么你心所向往的东西，就会毫不费力地来到你的生命中。愿我们一起加油！

徐丹

股权律师

扫码加好友

徐丹 BESTdisc 行为特征分析报告
CDS 型
6级 私人压力 行为风格差异等级

新女性创造社

报告日期：2022年06月26日
测评用时：11分42秒（建议用时：8分钟）

BESTdisc曲线

自然状态下的徐丹

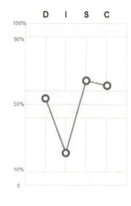

工作场景中的徐丹

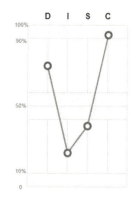

徐丹在压力下的行为变化

D-Dominance(掌控支配型)　　I-Influence(社交影响型)　　S-Steadiness(稳健支持型)　　C-Compliance(谨慎分析型)

　　沉静、友好、敏锐和仁慈，是人们通常用来形容徐丹的词语。她做事以身作则、渴望责任和有可预见性；与人沟通时，明快、亲切、包容、有耐心；工作时，行动迅速、自信、坦率、果断，会努力达成目标，也考虑准确性和细节性，掌控全局，符合制度要求。

拥有迭代思维,才能迭代人生

回归律师行业,靠打造个人品牌,塑造专业的"股权律师"形象。

在军人家庭长大的我,从事法律工作已有 20 余年,其中担任专职律师也有 13 年。我曾经帮助超过 100 位创业者解决公司股权的问题,从而化解内部股权危机。

自从学习打造个人品牌以后,我才发现唯有打破固化的思维方式,才能打开世界。

父亲的军人精神是我成长的动力

1978 年,我出生在重庆的一个小县城。

父亲是一名军人。1945 年,父亲出生了,家里有七个兄弟姐妹。那个年代,当兵是农家子弟最好的出路,所以,高中还没毕业,18 岁的父亲就去了东北的部队,这一干就是二十多年。

在部队里,父亲坚持学习文化知识,通过自学,还拿到了大专文凭。他从警卫员干到指导员,再到连长,后来还经历了珍宝岛自卫反击战。父亲吃苦耐劳、坚韧不拔、勤奋学习的军人精神一直影响着我们。

我有一个哥哥，比我大5岁。小时候，家里条件有限，只有我和哥哥的房间里有书桌。父亲白天工作，晚上常常到我的房间里看书、写东西。父亲背对着我的床，我只能看到他厚厚的背影，听着他书写的沙沙声，像催眠曲一样，伴着我入睡。

我刚出生不久，就随母亲去东北部队大院里生活。我4岁那年，父亲转业到了县法院，做过民事审判、刑事审判、执行等工作，从此，我们一家与法律结下了不解之缘。后来，哥哥成为一名法官，而我成为一名律师。

大学毕业后，我参加了2002年的国家统一法律职业资格考试，后来到了广东江门的一个律师事务所实习。第一次离家的我，由于语言不通、生活习惯不同，多次想回家，但父亲的军人精神时刻提醒我，不要轻易放弃。

一年后，我去了银行，从事法务工作。在这期间，我完成了结婚、生子这两件人生大事。好像冥冥之中早有安排，兜兜转转，我又回到了律师行业。

也许，大家都会觉得律师是一种高大上的职业，有着港剧里精英律师的形象，但事实是：刚出来工作的律师，年收入很低，执业五年以上的律师，其收入才有可能勉强与一般公务员相比；律师行业也存在"二八效应"，好的资源在20%的律师手里，他们占了市场业务的80%以上，80%的律师生活得并不那么好；律师和医生一样，也有年龄和性别的歧视，年轻律师就更难。

再次回到律师岗位，我成为一名"万金油"律师，不怕苦，不怕累，能干的都干。尽管我热爱这个行业，但内心深处还是对前途充满迷茫，不知道方向在哪里，能在这条路上走多远。

从2015年起，为了拓宽自己的视野，在律师这条路上走得更稳、更远，我开始到全国各地学习专业技术和商业思维，每年的学费就达六位数以上。慢慢地，我找到了自己喜欢的专业方向——公司法股权。

在不断精进自己的专业技能的同时，我不断实践。因为我服务的基本是企业客户，平时的工作就是与企业家打交道，时间长了，就非常了解企业家的想法和需求。为了帮助企业家更好地解决企业内部人的问题，我开启了忘我的学习之旅，把市面上所有关于股权的书籍都买回来研究，并参加培训,还向全国优秀的股权律师团队学习。

那个时候,我白天正常工作,下班回家照顾好孩子后,10点左右才开始学习。每天学习3~4个小时,有时候趴在书堆中睡着了,第二天醒来,马上洗漱去上班。

我出门会背个大包,几斤重,因为包里装着学习的书籍,不管是吃中饭的时间,还是等客户的空隙,我都会拿出来看。有一次,客户来了,坐在我对面10分钟了,我也全然没有发现,因为看书太投入了。

我热爱律师这个职业,对公司股权、商业模式充满好奇,我孜孜不倦地学习和研究,从企业初创阶段的动态股权分配,到企业发展期的股权激励,到股权投融资,再到股权激励如何进行调整等企业全生命周期股权实施的方法,最终形成了一套独特的股权服务体系,我用专业的知识和技能帮助身边的企业家解决了不少棘手的问题。

爸爸那种军人的吃苦耐劳、坚韧不拔、勤奋学习的精神流淌在我的血液里,只要我定下的目标,就一定会努力实现它!

转变思维模式,打开新市场

专业技能有了,成功的案例有了,我希望能帮助更多人,但是我不知道如何才能找到那些需要我帮助的人。我是一个专业的股权律师,但在宣传上,力度远远不够。酒香也怕巷子深呀,我又一次陷入了迷茫,每晚辗转难眠,始终不知道如何破局……

2020年,因为疫情,许多行业受到重大的打击,很多企业做不下去了。企业都做不下去了,自然也不需要聘用律师了,我们也曾因为没有业务而陷入过危机,员工工资都快发不出来了。

一次偶然的机会,我看到了薇安老师的直播,没想到这次直播打开了我人生的一道新大门，让我走出了迷茫，走进了一个新的世界。她第一次让我了解到什么是个人品牌、什么是知识付费、什么是私域流量……这些词语对于我来说，都很陌生，但打开了我的思维大门，我决定要跟薇安老师学习如何打造个人品牌！

打造个人品牌，可以通过互联网，把自己的专业价值无限放大，让更多人认识我，让有需要的人能够找到我。线上打造个人品牌，不仅不受时间与空间的限制，还有很强的抗压性，受疫情的影响较小，我从中看到了希望。

从线下转型到线上，对于我来说有难度，尤其是思维模式的转变。律师行业是一个传统行业，律师思维相对而言比较固化，尤其是对于我这样的70后来说，我很多互联网工具都不会用。

刚开始学习时，我真的有心无力、无从下手……但是，从小就热爱学习的我，是一个不轻言放弃的人，我几乎把薇安老师所有的课程都听了一遍。

那段日子，白天忙工作，晚上回来匆匆吃个饭，就把自己关在房间里，认真听课、做作业，不懂就请教老师、教练或者同学，从0开始，一点点地学习，每晚学习到凌晨两三点才睡觉。虽然很累，但心里感觉无比踏实。这些奋斗的夜晚，让我不由自主地想起了小时候爸爸认真看书的背影。

从未做过线上课程的我，在老师团队手把手的指导下，做出了MVP产品，自信心逐步提上来了。然后克服了心理卡点，开启了公众号、视频号及直播，不断地进行输出，为别人提供价值，慢慢打造自己的影响力。

以前，作为传统律师的我是靠转介绍、靠口碑来获客的，完全不懂线上营销。打造个人品牌，需要把自己原有的思维模式打碎了，再重新进行调整，以空杯的心态去接受新的知识。

通过持久的价值输出，我逐渐在别人心里建立起专业的股权律师形象，来咨询的人越来越多。一年多以来，我为创业者、企业家提供100多人次的服务，帮助客户建立股权思维，解决了如何用股权吸引人才、留住人才、激励人才以及如何用股权来整合资源、整合上下游供应链等难题。他们都是通过我的直播、视频号、公众号等了解我，然后主动来找我的。

创业者们需要避开的坑

在多年从事公司股权设计的工作中,我接到的咨询案例大多数是中小企业创业者。创业者真的不容易,特别是这两年的疫情,让企业经营更加困难,各行各业都面临重重挑战。基本上,所有的企业都面临着高房租、高人工成本、低利润的现状,让老板感觉压力很大。我们每年都在说,今年是最困难的一年,而事实上是一年比一年更困难。

每当我看到这样的创业者或者企业家,我都会很想帮助他们解决问题,因为这些问题其实是他们的认知问题。我总结了一些经验,希望能帮助到大家。

先定游戏规则,还是先做事?

很多老板都会跟员工说:"你先帮我把事情做好,后面的好处绝对少不了你的!"

说这种话或者表达类似意思的老板应该不在少数,但我可以肯定地说:"这样说的老板,大都是忽悠你的,是个骗子!"

为什么这么说呢?

事先不定好游戏规则,就给别人画饼、造梦,让别人先干活。谁都不是傻瓜,谁都明白其中的用意,最终的结果就是员工阳奉阴违、老板愁眉苦脸。

天下不是打出来的,更不是忽悠出来的,而是分出来的!

刘邦曾经对韩信说:"你帮我打下江山,我封你为齐王。"对彭越说:"你帮我打下江山,我封你为梁王。"对英布说:"你帮我打下江山,我封你为淮南王。"

刘邦与项羽交锋,刘邦节节败退,可最终能夺取江山,为什么?是因他还没打下江山，就敢于分配，所以别人都愿意为他卖命！

所以，不管你是老板，还是员工，都一定要想明白这个道理：先定分，后做事，再履行诺言，事必成！先做事，后定分，事必败！

股权分不好，还不如不分！

对于很多老板来讲，他们还是很愿意和员工分享公司发展所带来的收益的，但是在实际操作过程中，敢分而没分对的案例比比皆是。

上海的陈总，听了我的"创业合伙股权"直播课程后，打电话来咨询我。他经营一家做电子配件生产与销售的公司，公司成立了3年，他自己赚了不少钱，但是跟随自己一起打拼的兄弟们赚得不多。

当初一起创业的时候，他也承诺过会分股，所以，一年前，他将自己的股份拿出一半给核心高管，一方面是为了奖励他们的贡献，另一方面也希望和他们一起，把事业做大。

陈总给了公司副总经理20%的股份，剩余两个总监，每人获得10%的股份。购买股份的资金，从他们一年的薪酬中扣除，即当年每个月的工资只发一半，另一半作为购买股权的资金。一年之后，陈总去工商管理部门变更了股东名册，将这3位高管登记成公司注册股东。

可是，问题就此出现了。

成为股东的这3人经常联合起来，对陈总的决策指手画脚，甚至在开会时投反对票，导致公司的决策效率低下。更令人烦恼的是，陈总希望将公司利润中的大部分拿出来，作为来年的发展资金，但这3位高管都希望拿出大部分利润来分红。陈总是个长期主义者，注重公司的长期发展，而其他股东过于短视，这就是导致他们之间矛盾不断的原因。

对于老板来讲，股权分得不好，往往会带来致命的问题，这绝对是真理！

陈总问我怎么办，我问他，与其他股东签的协议中，对于创始人，是否有列明特殊条款以保证控制权或者说决策权？他告诉我，当时的协议是从网上抄的一个版本，没有做特别约定。

这个案例,股权分得不好,机制设置缺失,陈总和其他3位股东的矛盾就会一直存在。这不但会影响企业的发展,还会让之前的好兄弟变成仇人,更别提未来的股权融资、上市了,首先股东之间的矛盾就会让投资者望而却步。

这个案例告诉我们,股权激励不到位,会带来很多问题,具体如下所示:

控制权丧失

像这个案例中的陈总一样,企业创始人失去对公司的控制权,这对于企业的发展来说,是非常不利的。伴随着企业的发展,创始人的股份需要被逐步稀释,这就要有一个合理的节奏。在企业的不同发展阶段,股权被释放的比例会有所不同。

我的建议是:在企业初创期,创始人占股67%以上,掌握企业的绝对控制权;在企业发展期,创始人占股51%以上,掌握企业的相对控制权;在企业扩张期,创始人占股34%以上,掌握企业的一票否决权;在企业成熟期,应当完善企业的治理结构,制订约束性条款,创始人可以通过其他方式,比如与后来的股东签订一致行动人协议、投票权委托、成立持股公司、回购部分股权等等多维度的措施来保障创始股东的控制权。

创始人利益受损

持有股权所带来的收益主要包括三部分:股权分红收益、股权转让收益、股权溢价收益。

创始人股权被稀释,意味着创始人的股权比例下降。如果股权释放后,公司没有获得发展,经营管理水平维持原状,公司的各项财务指标没有任何改变,那就意味着创始人的分红收益会减少,股权转让收益会减少,股权溢价收益也会减少。这对于创始人来说,意味着利益受损。

在股权被分出去的同时,怎么对新股东或被激励对象进行约束、如何设置退出条件和退出方式,就是创始人需要特别关注的问题。

带来法律风险

创始人股东占股100%,基本没有什么法律风险,伴随着股东越来越多,创始人股份被稀释后,企业已经不是某个人的企业了,创始人股东在进行重大决策时,必须征得其他股东的意见。也有不少公司实际上仍是由创始人股东掌握企业的控制权,公司仍然是创始人一个人说了算,因而还以一人股东的行为方式来解决问题,甚至从法律上损害后加入的其他股东的利益。当股东之间产生矛盾时,其他股东就会进行维权,提起诉讼或其他手段来解决。

因此,合伙人之间分配股权,必须科学地进行,而找专业股权律师进行咨询、出具方案并落地是最有效的预防风险发生的方法。

股份被稀释,财富是减少,还是快速增值?

越来越多的企业经营越来越困难,核心原因在于:一方面,行业竞争越来越激烈;另一方面,人力成本越来越高。

同一行业,别人的企业做了股权激励,员工动力更强,企业对人才的吸引力更强;而你的企业没有做股权激励,就可能在竞争中越来越处于弱势,人才流失,人心涣散,久而久之,终将退出历史的舞台。

那些做了股权激励的企业,如果做得不到位,就像前面的案例那样,创始人失去对企业的控制权,这往往会给企业的发展带来严重的不良后果。因此,对于不少企业来说,不做股权激励就是等死,做了股权激励而没做好是找死。

一个好的股权释放路径必须伴随着公司的发展,在内部实施股权激励,在外部实施股权融资,快速推动企业溢价升值。它是站在企业战略的高度,对企业进行顶层设计,建立在良好的企业经营的基础上,通过有效的企业运营,实现价值快速提升。

当然,也有不少企业做了股权激励或者正在打算做外部股权融资,却遇到了不少问题,比如做了股权激励没有效果,这是让很多企业家最头痛的问题。为什么没有效果?核心原因是员工没有看到公司股权的价值。

决定公司股权有没有价值的因素是多方面的,可能涉及企业的经营管理状况、企业产品、企业营销,甚至是企业老板的信用水平,但最能直观地展现出企业价值的东西就是企业有没有做外部股权融资,这是因为股权融资能快速提升公司的股权价值,通过做外部股权融资,内部员工一下子就看明白了,购买股份的动力以及工作的积极性就被瞬间引爆了。

国外机构做了这样一个统计,同等规模的企业,做了股权激励的比没有做股权激励的企业的市值要高出17%,风险投资机构更倾向于投资做了股权激励的企业。

没有太大野心的企业老板,对企业发展来说,到底是好事,还是坏事呢?我的一个法律顾问单位的老板,是典型的没有太大野心的企业家。这位老板已经60多岁了,没有年轻时那种敢打敢拼的勇气,也不图把企业做多大,只要平稳发展就好了。什么融资、上市,在他看来是不务正业、好高骛远,他根本没想过这些事情,只想安安稳稳地把企业经营好就行了。

但他企业的核心高管在年初陆续离职,公司的很多优质客户也被带走,企业发展遭遇严重困难。为此,他专门找我谈如何处理,也想做股权激励计划。经过一轮调研后,我提出在内部实施股权激励三步走的战略规划,在外部实施股权融资的资本运作方案。

股权激励三步走的战略规划主要是指:

第一步,内部实施分红股的激励方案,先让公司的核心管理层分到钱;

第二步,对公司几位核心高管实施期股激励方案,树立榜样和标杆;

第三步,对公司其他符合条件的高层管理人员实施期股激励方案。

外部股权融资方案包括两部分:

第一部分,针对经销商实施股权众筹方案,使更多经销商成为企业股

东,捆绑发展;

第二部分,对项目进行包装,制作商业计划书,实施外部股权融资,引入投资人或风险投资机构。

经过上述一系列的战略布局,公司快速壮大,团队整体士气大大提升,也获得了风险投资人的青睐,对外股权融资1000万元。更重要的是,这位老板也从以前每天繁忙的工作状态中解脱出来,能够放心大胆地把更多的事情交给下面的团队去做,这也为企业继承创造了条件。

因此,企业应当根据不同阶段的需求,对内进行股权激励,引爆内部人才的积极性;对外进行股权融资,整合外部资源,企业股份才能更有价值,才能真正打造一个赚钱又值钱的企业,实现股权价值的最大化。

什么是老板该干的活儿呢?

从经营层面来讲,要抓住三大核心:商业模式创新、激励机制设计、产品创新;从运营层面来讲,也要抓住三大核心:资本运作、治理结构完善、公司价值提升。

不少老板每天忙着低头拉车,没时间抬头看路,忙着解决战术问题,却忽略了战略问题,所以,老板千万不要用战术上的勤奋去掩盖战略上的懒惰!

以上是我与大家分享的一些干货内容,希望能对大家有帮助。如果你是一个创业者、企业家,遇到以下问题:

第一,不知道怎么分配公司的股权,没有建立合伙人机制,只有老板一个人打天下,企业有什么问题都是找老板,老板成了救火员;

第二,企业组织运作效率低下,员工积极性差;

第三,企业原有的薪酬机制激发不出员工的动力,企业晋升机制、股权激励机制、考核机制、文化机制基本没有;

第四,不知道怎么整合上下游客户资源,没有股权运作思维;

……

欢迎你来找我,我相信我以多年的专业股权律师的经验,一定能帮到你,把你的企业打造成能赚钱、更值钱的企业。

尹娟

少儿学习力导师
资深育儿专家
教育IP轻创导师

扫码加好友

尹娟 BESTdisc 行为特征分析报告
S 型
3级 工作压力 行为风格差异等级

新女性创造社

报告日期：2022年06月26日
测评用时：07分54秒（建议用时：8分钟）

BESTdisc曲线

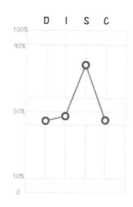

自然状态下的尹娟

工作场景中的尹娟

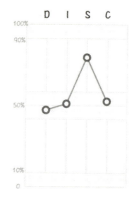

尹娟在压力下的行为变化

D-Dominance(掌控支配型)　I-Influence(社交影响型)　S-Steadiness(稳健支持型)　C-Compliance(谨慎分析型)

　　尹娟专注于享受做事情的过程，工作认真、投入。她喜欢分享和做决定时形成共识，通常不会把自己的意见强加给别人；是团队中稳定而可靠的一员，一旦做出了承诺，就会全情投入、坚持不懈地履行；倾向于为别人提供实际的服务，而不是对别人提出要求；亲切友好、尽忠职守、善解人意、值得信赖。

每次努力，终将回报你

月薪仅500元，创业受挫，学习营销思维后，1个月创收2.6万元。

我经常告诉自己：我不聪明，但没关系，勤能补拙，我用勤奋去补我的短板。

勤能补拙，并不是指盲目的自我感动式的假勤奋，而是有方向的努力、有意义的坚持、有耐心的灌溉，用时间来见证结果。

任何一个梦想，都有不被嘲笑的权利

1987年，我出生在湖南一个偏僻的乡村。

都说靠山吃山，靠水吃水，但我们那什么都没有，一穷二白。为了谋生，父母不得不在我3岁那年，抛下我，南下广州做生意。于是，我成了留守儿童，跟着爷爷奶奶长大。

孩提时代，其他小伙伴都喜欢去捉鱼、爬树、跳橡皮筋、玩石子。唯独我，喜欢安静地待在一个地方看一下午的书。别人都不和比自己小的孩子玩耍，我却成天带着一群比我小的孩子做游戏，教他们写字、画画，乐此不疲。

那个时候的我,只是单纯地觉得自己心性天真,没有那么争强好胜,殊不知,命运早已在这时埋下一颗种子,进而影响了我的一生……

那个年代,贫困的家境、局限的认知,使得人们对于教育并不重视,只是忙着谋生。父母在大城市闯荡,思想开阔,总是鼓励我通过读书改变命运。

不负所望,我成为村里第2个考上重点高中的孩子,最终如愿以偿地考上长沙的大学。大学期间,身边不乏家境优渥的同学,我深知不能与之相比,有山靠山,无山独担,留守儿童的经历,让我从小就比他人独立,性格坚毅。

没有天赋异禀,优秀的人总是努力翻山越岭。我拼命学习,积极活跃在校园各个社团里,做各种兼职,锻炼自己的胆量和见识,争分夺秒地汲取养分。就这样,我一直努力到毕业季,前往上海,做我的第一份工作——外贸销售员。

我以为自己很厉害,能很快在职场上叱咤风云。结果不到一年,公司复杂的人际关系、每天跑市场调研的枯燥乏味,就让我心生厌烦。当生活与理想出现冲突时,我变得无所适从,重新思考人生的意义,但始终没有答案。

最终,我决定辞职回长沙,回到熟悉的地方。焦虑未缓,相反,圈地自守在出租屋里足足1个月,我终日思考人生的方向,食不下咽,夜不能寐。

一天深夜,回想孩童时期与比自己年幼的孩子相处的时光,既充实又快乐,如果能延续那份快乐该多好?转念一想,教育行业不正与我想要的东西不谋而合吗?我喜欢孩子的创造力和活力,喜欢他们的纯洁与真诚!想成为一名幼师的心愿在此刻瞬间清晰,我找到了努力的方向。

心里的石头落地,前进的步伐就变得轻盈。我鼓起勇气在报纸上寻找招聘信息,无教师资格证、工作经验的我,连续被十几家幼儿园拒绝,可以说在意料之中。

但当你决定灿烂,山无遮,海无拦。任何一个梦想,都有不被嘲笑的权利。

怀着最后的希望面试最后一家幼儿园时,我拼尽全力地展示自己,心怀忐忑,手都在颤抖。原以为会再次失败,没想到,最后我被聘为这家幼儿园的保育员。我终于成功了！问起园长为何录取我时，她说在我的眼里，看到了对教育的热忱和赤诚。

这份来之不易的工作虽月薪仅500元，时长12小时，我却甘之如饴，乃至不顾父亲的反对。由于结婚生子，这份工作只做了5个月。待孩子三岁上幼儿园时，我重返职场，一做就是四年，我从实习老师一路做到了配班、主班，再到主编幼小衔接课程和教育培训讲师。

毫无背景和经验，一路靠拼劲、热爱，走到了自己未曾想过的高度。2017年，为了兼顾家庭和事业，我辞职创业，继续在儿童教育领域深耕了5年多，一路磕磕绊绊，但总算上了正轨。拥有梦想与面包，让我有了岁月静好的错觉。

洛克菲勒说："如果你眼前的盛况给你天堂般的感觉，那么接下来等待你的也许就是地狱。"这句话很快在我身上得到了验证。

2020年，疫情就像一只"黑天鹅"，击溃了我习以为常的安逸。工作室被迫关门5个月，学生停课、居家学习，工作室瞬间就没了收入，然而人工费、户外设施维修、房租、水电费等成本一分也少不了。

面对这样的境况，我毫无办法，只能寄希望于疫情快点结束。不过这次疫情，让我看到了单一线下教育行业的脆弱。我开始反思，要把线下的经验搬到线上，倒逼自己不断迭代成长，提高自己处理突发事件的硬核技能。

然而，疫情再次来势汹汹，我面临了第二次关门停业。如果说，第一次停业时，我还抱着"疫情总会过去"的侥幸想法；第二次停业彻底击溃了我的幻想。我开始整夜整夜地失眠，每天反复计算着支出，在不知道何时能够恢复营业的焦虑中，一个人在深夜里痛哭。

如果疫情拖垮了工作室，我该何去何从？35岁的我，触及职业"天花板"的年龄，除了自己的老行当，并无一技之长。上有老，下有小，我靠什么存活？生活逼着我，必须要触底反弹。

都说线下业务好比汽车的四个轮胎，线上业务就是备胎。四个轮胎一旦有一个坏了，我不用被动等待救援，第一时间就可以换上备胎，继续前行。

我告诉自己，一定要转型线上，但是，这并不容易。没有做课经验、营销能力,就无法将产品带给需要的人。正当我不知道怎么办时,功夫不负有心人,2021年9月25日,薇安老师就像一束光,耀眼地照入我的世界,从此,我的世界里有了阳光和鲜花。

只要你好了,世界就好了

薇安老师的头衔很多,撩动我心弦的是她立志要做到80岁的成就新女性的事业,长期主义与我一生的教育理念不谋而合,所以我决定跟随薇安老师打造个人品牌。

以往,我付费6位数的学习都无法变现,没想到跟随薇安老师打造个人品牌后,就有了意想不到的结果。

最开始的时候,我不敢卖自己的产品,更不敢卖高价。明明拥有9年实战教育经历、5年多数千个案的丰富经验,教练让我收399元/小时咨询费,我却只敢收39.9元。

当教练指出要尊重和肯定自己的价值时,我做了许久的思想斗争,好不容易调整到199元;是教练的不断肯定,帮我找回自信、找到价值感,我的底气才让我赢来好成绩,并让我助力10万多名儿童轻松、高效学习的愿望有了落脚点。

为了帮助更多孩子提高学习力,我还选择多做直播。虽然恐播、不自信,面对镜头时,因紧张而没做表情管理,但最终勇敢地直播了119场,累积变现2万元。

花了4个月时间学习,在薇安老师的帮助下,我仅靠一个产品,在短短10天内,在朋友圈就卖了52份、年度社群售出36份,1个月内,线上业务共创收2.6万元。另外,我还打造了自己的中低端课程以及线上商业模式。仅仅几个月,我发现,与之前相比,我已经发生了翻天覆地的变化。

更神奇的是,当我变好之后,还修复了和先生持续了几年的冷淡关系。现在,他会经常给我做饭、带娃,还会嘘寒问暖,这些是十几年的婚姻生活中,他从未做过的事。

想起个人品牌打造路上的磕磕碰碰,在这过程中,也有过低迷。因营销能力薄弱、思维受阻而丧失行动力,泄气时,脑海中就浮现疫情来临时自己绝望痛哭的画面,我重新审视自己不继续发力行动的决定是否明智。就这样,一路过五关斩六将,打破营销、开课等卡点,我不断破局重生。

薇安老师常说:"只要你好了,世界就好了。"我深信并且践行着。

在学习营销思维后,我还打通了金钱卡点。身为教师,有着教书育人的理想固然不错,但面临巨大的生存压力时,如果没有面包,就无法支撑教育梦想,因此,教师也一定要有线上思维。尤其是由于2021年的政策,我看到太多同行下岗,找不到喜欢的工作,只能退而求其次,选择一些不喜欢的行业,而且还背负着巨大的经济压力。

开始打造个人品牌后,也有之前的同事在我的帮助下重建自信,燃起对未来的憧憬和希望。他们学以致用,在育儿和生活上都取得可喜的成果。

我真的发现,教培人员想要在打造个人品牌这条路上持续成长,必须要主动拥抱困难,迎接挑战,培养自己的"反脆弱"能力。

我曾经也是深深受困于此,幸而选对了赛道,并拿到了自己很满意的结果。

相信自己的力量

作为教培人员,如果你想要在个人品牌路上拿到不错的成果,并能在疫情期间逆风飞扬,我有三点经验可以分享给大家。

找一个精准的细分领域，深耕专业能力

如果想实现知识变现，在线上赚钱，就必须努力夯实自己的专业技能，实现专业知识变现。

很多人对自己的专业不够自信，觉得自己一定要专业技能特别强大时才能开始打造个人品牌。其实，这是一个误区。正确的方法是边做、边精进、边学习、边成长。在行动中积累经验，不断迭代升级，不断进步。

当你的专业能力积累到60%～70%的时候，你就可以开始行动了。这个时候，实现专业变现并不是一件困难的事。

比如我，在线下教育行业，有9年的实战经验，还有丰富的儿童个案经验。在跟薇安老师学习之前，我也想过要孵化自己的线上课程，可是因为不懂如何捕捉市场需求，闭门造车写出来的课程无人问津。这曾经让我一度质疑自己的专业能力，甚至认为自己不适合写课。

后来，我参加了薇安老师的个人品牌创富课，被教练"逼迫"做出了3个教育产品：收费199元的一对一育儿咨询、3天的专注力提升和学习问题解决的课程，很快就有50多人报名参加。

之后，我在薇安老师的指导下，用她教的方法，推出高效学习年度社群，也成功招到几十位学员。我的课程采取小班制，课程内容不多，但服务品质很不错。所以，只要专业能力够扎实，其实很快就可以在线上拿到不错的结果。

我的一位学员小余，她的孩子有学习和行为问题，在学校没有朋友，常常被排挤。因为孩子天天被人告状，老师也就天天都要找她。她整天神经高度紧张、忧心忡忡，为孩子的问题感到焦虑、害怕。

正当她一筹莫展时，她找到了我。我分析了孩子的情况，并且给出了解决方案，慢慢地，有了明显效果。她整个人变得焕然一新、积极正向，孩子也开始能交到一些朋友了，也经常被老师表扬与肯定，评价她像变了一个人。

小余夫妻俩在教育上也慢慢形成一种合力，小余那种深深的无助感消失得无影无踪，小余先生脸上的笑容越来越多了，也越来越主动带娃了，如

陪娃去骑自行车、放风筝……孩子与父亲的关系越来越亲密。

在现在这个产品过剩的时代,市场并不缺好产品。人们之所以要跟你买产品,是因为他们信任你这个人,所以,当今时代是人在前、货在后的时代。我们想要成功卖出自己的产品,就要先建立客户对我们的信赖。

对于有专业技能的教培人员来说,如何让客户信任我们？其中一个最关键的因素就是,自己要能做出成果,而且还能帮客户做出成果。当有成果和强背书时,自然会吸引一波同频的客户来向你学习。

以开放的心态接受新事物,并且敢于行动

作为教培人员,一定要不断接受新鲜事物,与时俱进,利用互联网的力量放大自己的影响力,顺势而为。

朋友莎莎是一位能力很强的语文阅读提分老师,她4年前放弃"铁饭碗",从公立学校辞职出来创业,成立了自己的儿童教育工作室,起初收入很可观。

随后,国家出台政策对学科类培训进行制约,莎莎的线下业务开展得十分困难,常常四处奔波,无法兼顾家庭,搞得身心俱疲、心力交瘁。我建议她转型线上时,她因为害怕尝试新鲜事物而拒绝了。

用旧的方法只能得到旧的结果,如果不走出思维的怪圈,就会一直处于赚钱难的恶性循环之中。特别是在疫情期间,很多人的事业都受到了重创,尤其是教培行业,更是无力挣扎。

这个时候,只有寻求突破,以开放的心态去接纳和拥抱新事物、新变化。如果不敢突破,只会担心未来是未知的,就会做出错误的选择,迟迟不敢跨出来。

转型线上,其实是一条自救的最好途径。如果仍旧死守着线下,就会苦于没有方法、路径去发展壮大,就会在危机来临时,犹豫不决且动弹不得。

要有营销思维

线上赚钱的两大关键能力,一个是良好的专业能力,另一个是较好的营销能力。想要在线上赚钱,这两项能力缺一不可。

对于想要改变的教培人员来说,大部分教师的专业能力都比较扎实,但他们的营销能力非常薄弱。这就导致教培人员不能很好地进行专业技能变现,物质生活过得并不充裕。

我的朋友晶晶是一个非常厉害的英语老师。10年前,她创业成立了英语线下课堂,在线下带教一些学生。她的业务来源分成两部分:一个是在全国各地接各种学习培训讲座,主要给成人授课;另一个是自己在线下带教一些学生。

前些年,她的收入还不错。可是,国家政策出来后,对学科类培训进行了一些制约。加上疫情反复突袭,她的业务开展得异常艰难,线下的学生都不敢带教了,只能在线上零零星星带几个,收费还很便宜。

她目前需要不断在外找资源、找各种学校谈项目合作,需要在全国各地飞,很少有时间去陪伴家人。她经常跟我抱怨没有资源,项目很难谈,好不容易谈好一个,做完后又需要重新去找。

这几年,她说自己过得身心疲惫、心力交瘁。她想转行,可是已入中年,除了会教英文,她没有其他拿得出手的生存技能。

我曾经建议过她立马恶补营销知识,学会扩大自己的影响力,让更多需要她帮助的人能找到她,可是她不敢冲破思维的牢笼,害怕去尝试新鲜事物。由于缺乏营销思维,不会给自己的产品做闭环,一直困在这种赚钱难、赚钱辛苦的恶性循环里。

可见,对于一个教培人员来说,营销能力多么重要。哪怕有再强大的专业能力、再好的产品,一旦思维受限,不能把它卖出去,也无法变现,实现人生的价值。

晶晶走的这条弯路,我自己也走过。我在线下做了9年,创业稳定后的岁月静好让我逐渐迷失,过起温水煮青蛙的安逸日子。直到疫情一次次突袭,让我从事业的重创中清醒过来,毅然决定跟随薇安老师,不断提高自己的营销能力，成功开启线上赚钱模式，终于活出了价值，拯救了自己的事业，开始过上有结果的人生。

这一路走来，所有曾经对自己的否定、对自己的质疑烟消云散。虽然来得晚一点，走了9年线下才开启线上业务，但真的没有关系，我终于踏上了新的旅途。经过4个月的线上赚钱之路，我已经实现了当初写课卖课的梦想，成功开启了自己的线上赚钱模式，并且在疫情面前拥有了前行的力量。

很感谢当初的自己，选择相信自己的力量，相信薇安老师可以帮我拿到成果，一直很感谢当初的自己，遇到挑战后敢于往前冲，秉承越怕什么就越要做什么的坚定信念。

薇安老师说："正心正念，才能走得更远。"

我从一个单纯的教育者变成从线下转型到线上的教培者，从面对疫情时措手不及，最终通过自己的能力，改变了自己的处境，面对疫情也能逆风飞扬！

在未来，我想把我的成功经验传播到更远的地方，我想带领更多的教培人员觉醒，希望帮助那些和曾经的我一样，被疫情重创后感到迷茫、焦虑的人，同时也去创造更大的价值！我更想通过自己的分享，为教培行业做一点事，与我的教培同行共享有价值、有结果的人生！

如果你是学科教培老师，受困于国家政策的制约，想要寻求突破，强烈建议你利用互联网的力量，在线上赚钱。

如果你因受疫情打击而想转型线上，我想对你说，亲爱的，什么时候出发都不晚，立马开启个人品牌打造之路吧。

感谢这个充满机会和挑战的时代，每一个教培人，只要不放弃努力，都能通过互联网，无限放大自己的影响力，让自己的才华被更多有需要的人看见。

我还要感谢我的人生导师薇安老师。感谢她帮助我成为独立、自信、有价值、智慧的新女性，拥有了全新的人生。

最后，我想对你说一句话：亲爱的，如果你深深受困于疫情，也很想改变自己的现状，我希望你能像我一样，打开思维，勇敢突破自我，跳出舒适圈，借助于巨人的肩膀，活出精彩的人生。

我可以，相信你也绝对可以！

第四章

极致利他，永葆梦想

莎莎

"秦赢堂"品牌创始人

8小时外创业者

私域营销7年实战派

扫码加好友

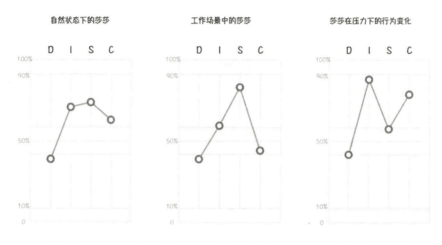

莎莎随和包容、亲切坦率,给别人聪敏雅慧、反应迅速、有创新能力的印象;善于沟通,总是能营造出一种激励人心的氛围;专注于事务和取得预期的结果,而不是光谈感觉;在集中精力处理事情时,灵敏而有远见,有相当强的洞察力;能客观、冷静地运用逻辑分析能力,条理清晰地制订决策并有始有终地完成任务。

极致利他，到达成功的彼岸

老公败光所有积蓄，偶得鼻炎配方，靠口碑推动事业发展。

曾活在舒适圈里，准备平平淡淡过一生的我，却因为老公爱折腾，还要靠父母接济。创业遇到瓶颈，一度导致抑郁。在薇安老师的帮助下，我终于找到了出口，带领女性打开副业之门，找回人生价值。

我相信，热爱比勤奋更重要，只要坚持梦想，极致利他，深耕细作，定能到达成功的彼岸。

苦难，亦是命运的馈赠

我出生在山东一个小县城，父母都是国企工人，小时候家里不富裕，但也算衣食无忧。

我三岁那年，弟弟出生。伴随着小生命到来的喜悦，还有爸妈的长吁短叹——超生罚款了 5000 元，在当时无疑是笔巨款。

屋漏偏逢连夜雨，我六岁那年，父母双双下岗，家里一度陷入赤贫。忘不了，为了交 100 多元的学杂费，爸妈去亲戚家借钱时的窘迫；忘不了，穿上别人淘汰下来的男士秋裤,被小伙伴们嘲笑时的无地自容。

贫穷和窘迫在我的童年里刻下了深深的烙印,也让我知道,天下没有铁饭碗,没有永远的稳定,唯有靠自己。于是,我奋发图强,考上了重点大学,大四还没毕业,又同时考取了国家公务员、省选调生和研究生。

22岁,我来到离家千里之外的小县城,成功跨进体制内。24岁,我和同事相亲、结婚。25岁,我当了妈妈。一切都看似有条不紊,日子安稳又舒适,有时甚至还会生出一些优越感。

当我以为生活就会这样按部就班地过下去时,谁知道,平静得如一滩湖水的生活,早已暗潮汹涌。

我性格稳定,可没想到老公爱折腾。2014年,他开童装店,赔了十几万元。第二年,又背着我买邮币卡,被骗20万元。到头来,结婚几年来存的钱全部赔光,还欠了5万元。这还没完,那年,我的眼睛又要做手术,手术费要16000元,可家里一共都不到1万元。妈妈知道后心急如焚,转来一万元。那天晚上,我躺在床上,一夜未眠,童年时那种没钱的回忆一幕幕闪现,胸口如同压着块大石头。原来我以为的稳定,如此脆弱。

穷则思变。没钱,就是最好的鸡汤。2015年,我开始做自己的第一个副业——公务员线上培训老师。

破除思维禁锢,每个人都有无限可能

公务员线上培训,每期7天,共11节课。我连续带了4个班,整整一个月,每天只能睡三个小时。因为讲话过多,每天靠各种润喉糖和润喉茶来"续命"。因为见不到我,3岁的孩子常常拍打着房门号啕大哭,我心力交瘁。

那一年,我挣了5万多元,每一分都是血汗钱。这份工作很累,但也给我打开了一扇窗。原来,在互联网时代,每个人都有无限可能。客观环境、身份、职业可以限制身体,却无法禁锢灵魂。思维的大门一旦被打开,才会发现处处有机会。

我是一名重度鼻炎患者。2016年,因一次偶然的机会,我的鼻炎被一位老中医的方子治愈。因为心存感激,我发了一条朋友圈。没想到,瞬间各种"求方法""求产品"的留言扑面而来,而我的朋友圈当时仅有200多人。

一开始,我并没有抱着销售的想法,因为我太懂鼻炎的痛苦了,只是想着能够把它分享给朋友,有帮助就好。没想到,一周后,这些朋友开启了"夺命连环催"模式:怎么才能买到?多少钱?我转你。

看着众多留言,我产生了一个念头,是不是可以销售这个方子?是不是一个商机?那通过手机销售,是不是就是微商?那是微商野蛮发展的时代,我从心底里排斥微商,但这时妈妈用最朴素的话点醒了我:"我们因为鼻炎受了那么多罪,要是能帮得了别人,也是好事。微商不微商的,没啥关系,你自己行得正就好。"

2016年4月,我开通了微信小铺,第一个月才赚了500元,但我竟有种人生赢家的快乐,因为收到了一个又一个正面的反馈。

"我竟然真的不流鼻涕了。"

"我孩子晚上没有被鼻塞憋醒。"

"太感谢你了,再也不用每天早晨被喷嚏叫醒。"

……

在那之前,我一直是为自己、为家人而活,没有什么价值感和使命感,感觉自己只是天地间渺小一粟,过好自己的生活就行了。看着这一个个反馈,我内心充盈着满满的幸福感和成就感。如果自己的存在,能为他人、为社会贡献一点什么,这样的人生才更有价值。

鼻炎市场之大超出了我的想象。因为口碑好,客户越来越多,第三个月,我就月入过万元。渐渐地,有人开始跟着我一起做。我也真正坚定了自己的想法——要把这件事做起来,从散商转成规范化的生产运营。

没钱,借款、贷款;没经验,四处找人咨询,一家家厂子跑……我买断了鼻和膏的配方，找到了满意的生产线，创立了品牌"秦嬴堂"，接下来，公司又推出了三款爆品。在很多同行出新品、打广告、赚快钱的情况下，我不断提醒自己，千万不要被眼前的绚烂蒙蔽了双眼，要知道自己的真实能力，更要记得出发时的初心。

2017年，我组建起专业的中医团队，让所有顾客免费享受私人订制的中医诊疗服务。虽然成本增加不少，但有效率和满意率大大提升，好评反馈如雪花般飞来。那一刻，我觉得一切都值得。

在大家的共同努力下，销售额不断飙升，数千名经销商月入过万，打造了素人无忧创业的线上平台。

回归初心，找寻曙光

然而，创业是场九死一生的博弈，如同踩在刀尖上跳舞。我经历的不仅是身体的辛苦，更是内心的煎熬。创业以来，我努力把自己活成无所不能的金刚战士，常常对大家说："放心，一切有我。没事，我来处理。"

曾以为，一人抵千军万马才是赢家，但2021年，疫情的第二年，我开始持续性失眠，莫名其妙地流泪，无法专注地做事。我知道，自己病了，医生诊断为中度抑郁。拿着诊断书，我呆坐了一晚上，怎么办？我如同一个溺水的人，却发现没有一双可以拉住我的手。

不能这么快就投降，我要重新站起来。于是，我向外寻求帮助，开始了自我救赎和疗愈之路。正以为无功而返时，我遇到了她，将我从深渊中拉上来。

她就是我的人生导师——薇安老师。我在"薇安说"公众号中看到了她的经历，就很想靠近她，于是报了她的课程。

薇安老师的课程内容非常不错，打通了我的很多思维卡点，但真正让我交心的是和她的第一次长语音沟通。我一直信奉的是"打落牙齿和血吞"，委屈从不外诉，但，当听到薇安老师的声音后，我忍不住把内心的脆弱、纠结、彷徨一股脑儿地向她倾诉。

薇安老师问："莎莎，你想要的是什么？想达到的彼岸在哪里？"这句话，直接让我泪流满面。这些年忙着飞得更高、更远，却很少回归初心。

如果说最开始是为了分享、为了挣钱，但到了 2021 年，个人的成功并不是最重要的，我更希望能为顾客和代理商做些什么，甚至为社会做些什么，哪怕微不足道。

薇安老师说起她的教育梦想，说她想让更多女性拥有更好的人生，有钱、更值钱。隔着屏幕，我仿佛能看到她眼睛里闪耀着的光芒。她说那一定是"带劲儿"的人生，而人生，就需要这样的奔头。

那一刻，我很确定这位老师能带给我一些不一样的改变。于是，我成了薇安老师的私董成员，倾听她的想法，观察她的做法，于一片黑暗中慢慢寻找到曙光。她还告诉我，要真正知道自己为何而做，热爱比勤奋更重要。她让我想清楚了，最快乐的事情不是挣到第一个百万元、千万元，而是收到一个又一个顾客和代理商的正向反馈，是帮助越来越多人收获健康和财富。

我豁然开朗了。三个月时间，我全部归零，如同一块海绵，浸泡在课程中，体验、拆解、感悟、复盘。虽然发现了创业以来踩的很多坑，但更多的不再是"我本可以"的懊悔，而是"我还可以"的希望。

在老师和团队的帮助下，我一次又一次地创造新的里程碑——2022 年 2 月的新品升级活动，业绩突破 600 万元；2022 年 5 月的周年活动，业绩突破 300 万元；2022 年 7 月第一次尝试带货直播，业绩破 30 万元；三伏活动的业绩突破 100 万元……

打造副业，女性崛起的力量

一项项数据迅猛增长，但我再也不会为时好时坏的成绩而焦虑，我常想起薇安老师说的："女人应如水，善利万物而不争，天下莫能与之争。"

是啊，创业这些年，我接触过太多的女性，有的是职场人，有的是创业者，有的是全职主妇，但她们大多为自己的生活感到担忧，为了孩子，为了丈夫，为了社会的舆论，唯独没有为了自己。

这个时代，是女性创业最好的时代。我们看到了很多女性的崛起，但不得不承认，女人担负的职责普遍要多于男人，因为女人是妻子、是母亲、是女儿。世上没有平衡，只有取舍。很多时候我们不得不披上厚厚的铠甲，在防御的同时，也常常让自己遍体鳞伤。

我自己从体制内一颗安安稳稳的"螺丝钉"，变为年营收过亿元的品牌创始人，有太多的话想要和大家分享。

为自己打造一个副业

为什么一定要打造一个副业呢？

居安思危，增加抗风险能力

这个时代，机会很多，危机亦然，从来不存在一辈子可以依赖的"铁饭碗"，如同近几年，我们看到的一张张触目惊心的大厂裁员名单。多少人从"中产"直接跌落谷底，甚至整个家庭都会经受经济和精神的双重打击。

这是个多元化的社会，个人也好，企业也罢，如果想长久、平稳地活下去，复合型的生存能力是必须要有的。不要把鸡蛋放在同一个篮子里，如果只有一个挣钱渠道，一旦出现意外，那就是致命打击，所以我们必须要有 B

计划、C 计划。

增加收入，优化收入结构

世人慌慌张张，不过图碎银几两，偏偏这碎银几两，能解万种慌张。车贷、房贷、孩子的教育费、父母的医疗费……我们必须承认，体面的生活必须有足够的金钱作为支撑。对大部分工薪阶层而言，扣除各类开支后，工资所剩无几，遇到大额支出，就没有招架之力，尤其是不拿年薪、没有高额年终奖的工作，工资增长速度远远低于物价增长速度。而副业可以直接增加收入，改善个人、家庭的经济状况。

许多人可能从未意识到，有种工资陷阱叫"只有一份工资收入"。比收入金额更重要的就是收入结果，举个例子：同样是月收入 2 万元，A 的收入 100% 来自工资，B 的工资收入是 1 万元，其他收入源于兼职、理财等。显然，B 的收入结构更加合理。

我们的经销商有两个主要的群体。一个是普通工薪阶层。月工资收入超过万元的较少，多在 5000～8000 元。而微商收入多则月入 10 万元以上，少则 1000 元左右，平均在 2000～5000 元，基本可以覆盖基础生活开支，生活压力就大大减轻了。一个是全职宝妈。自己零收入，且在一定程度上和社会脱节。如果宝妈利用照看孩子的空闲时间，多份收入，可以极大地缓解家庭的经济压力，较快地融入社会，从而有更多底气和自由。

每多一份收入，就多一份安全感。多点布局，多栖发展，方为王道。

扩宽眼界，提升认知水平

不得不承认，很多人的工作都是机械的、重复的，一眼就能看到 20 年后的自己。在体制内，很多人一辈子只在一个单位从事一个工作，直至退休。稳定的穷，无聊的忙，温水煮青蛙，一过就是几十年。

经济学家薛兆丰说过一句话："生活可以忙忙碌碌随大流，思想必须偷偷摸摸求上进。"在经济环境并不太乐观的当下,我并不鼓励你斩断退路、毅然辞职,但建议你看看外面的世界。

我们有很多经销商,从事教师、医生等职业十几年、几十年,工作和圈子都是固定的,身边人都过着差不多的生活。当他们勇敢地迈出做副业的第一步时,听到最多的是反对、质疑或者嘲讽。可是几年过去后,不论是收入,还是对世界的认知、思考事情的方式,他们早已领先于周围的人。

值钱的不只是钱本身,更有我们的认知、洞察力和行动。从源头改变,方可应对一切挑战。

素人做事,一定要有复利思维

对没有特殊优势、又没有资源和背景的素人而言,想要轰轰烈烈地成功,并非易事,但做点小事情不难。可为什么仍然只有少数人能够实现呢?因为太多人只想要开花的绚烂,却受不了扎根的寂寞。

这是个非常浮躁的社会,一旦想要挣钱,想要有个副业了,就恨不得马上看到结果。可是,凭什么呢?凭什么你随随便便的努力就能轻而易举地换来成功?

曾国藩一生打仗总结为六个字:结硬寨,打呆仗。我相信一句话:"慢,就是快。"以线上营销为例,最基础的两件事:引流和打造朋友圈。没人气就没生意,第一要务就是增加流量。引流涨粉,有很多方法,比如,混社群、朋友圈互推、做地推、运营小红书或知乎等等。最重要的就是,要有时刻引流的意识,还要主动提供价值。

有了流量,还要做转化,这个转化的窗口就是朋友圈,通过朋友圈让别人有更深刻的印象。如果流量进来了,朋友圈没有吸引力,那流量就只是数字。

这7年来,我坚持发原创朋友圈,每天的数量至少有8条,一年就是几十万字,而这,不过是努力的下限。永远要记得,长周期才有大行情。这句话,适用于一切场景。

真诚销售，是最有力的武器

最开始做销售时，我没有任何优势，"小白"一个，我凭什么成功呢？可能最主要的原因就是真诚！

我经常用的一个方法就是角色互换。我会把自己假想为顾客，闭上眼睛，给自己两分钟的时间去感受，感受顾客的痛苦、困惑，然后去共情、去理解。我的目的，就是去帮助顾客，而不只是想把产品卖给他，而是他需要，正好我有。

真诚，是最好的销售套路，没有任何方法可以抵抗真诚，唯有真诚本身。尤其是素人，在起步阶段，我们什么都没有，再想着投机取巧，结果一定是一败涂地。在初期，我会根据顾客的情况，定制说明书、手写感谢信、在节日的时候送上小礼物、在顾客发朋友圈说自己心情不好时去陪聊和安慰……

我始终认为，IP打造还是基于真诚。世上最好的人都有缺点，千万别给自己打造所谓的完美人设，这会累死你，还会让你难以交到真正的朋友，而且，一旦人设崩了，将会付出惨痛代价。

回望走过的2000多个日日夜夜，作为一个用8小时外的时间创业的"不正经"创业者，我经历了从0到9位数收入的繁华增长，也体会过落入谷底的困顿挣扎。这一路，有荆棘丛生，有鲜花绽放。这是一场修行，见自己，见众生，见世界。

我在短短几年内取得了还算不错的成绩，一是抓住了风口，二是从做副业开始。我知道，每个人赚钱都是不容易的，那些朋友来向我买产品，都是因为相信我，还有信任我的代理们。

我在创建品牌之前，曾立下两大原则。

原则一：绝对不能让任何一位顾客在我这里有一分钱损失！

原则二：绝对不能让任何一位代理商在我这里有一分钱损失！

立下这两个原则，看似会有损失，但我当时并没有想太多，就是觉得，这样才对得起良心，对得起这份责任。所以，我承诺所有代理都可以无理由、无条件退款、退货!

  我自己走出没钱的窘境,是因为得到了很多人以及社会的恩惠。现在,我希望可以帮助更多的女性,通过自己的双手做一份副业,赚到钱;我希望未来有更多的女性能够更主动地掌控自己的命运;我也希望可以帮助这个行业发展得越来越好,能够为这个社会贡献出一分力量。

  我是从"小白"做起来的,我可以,那么,你也可以。如果你想拥有自己的一份事业,想要过上更自由的人生,靠近我,我们一起成为更好的自己。

勤兴道

10万多个家庭健康计划推广者

扫码加好友

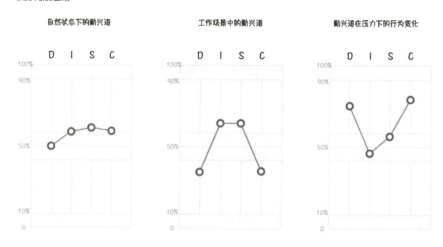

勤兴道独立稳重,开放,有活力。工作时,以身作则,重视并表现出技术性的专长,能高效地利用技术和专业知识对质量产生积极影响;精确而有逻辑性,善于分析,具有创新能力;善于在深入思考后,制订高效的计划,并会迅速组织、策划和执行,努力完成任务;追求完美,在知识和能力方面,严格要求自己,又有非常高的水准。

携梦前行，用生命影响生命

职涯33载，专注于疼痛治疗。54岁再出发，让更多人拥有健康。

出生于20世纪60年代一个普通工人家庭的我，从小就非常内向。虽然小学当过班长，但整个学生时代平淡如水，现在回想，好像也提取不出任何片段。

1990年，我毕业后来到医院从事康复工作。虽然与学生时代的幻想有很多不同，但这的确是我喜欢的工作。时光飞逝，一眨眼，我已在康复领域深耕了33年。

人生旅途充满着无奈，虽然从事康复治疗，但是我的父母先后均因脑血管疾病离开了我，我一度无比自责和内疚。自己从事这个工作，却连父母都没能帮到，我在消沉中度过了很长一段黯然的时光。

直到我找回梦想，在54岁时再出发。人生下半场，我要用生命影响生命。

职业生涯33载，专注于疼痛治疗

回顾我从一名"小白"成长为经验丰富的治疗师的这33年——毕业后

至今，我一直在康复科工作，我的工作日常，就是面对形形色色的患者。这些患者有身体不适来理疗的，有因神经科疾患导致单侧偏瘫的，有因为车祸造成骨折，需要术后康复的，有工作原因导致体态变化的……我陪伴无数患者恢复了健康，我的头发也日渐斑白……

我最擅长神经科疾病的康复，接待过的患者遍布全国各地。疫情前，我非常忙碌，所有的休息日都在外出讲课、训练患者；疫情后，我逐渐开启线上远程教学，学员更是遍及全球多个角落。

在职场的最后10年，正值马拉松运动在中国备受追捧。大量的赛事带动了跑者在全国流动，也产生了很多运动损伤，我爱跑步的先生频繁地带受伤的跑者来找我疗伤。这激起了我的好奇心。

我开始了对损伤快速治疗的探索，并且通过参加马拉松运动，获得了一手信息，在损伤治疗上有了自己的独到见解。

五年前，当我第一次参加 kinesio 中国的培训课程时，确实还不能体会人体自愈力的强大，只是惊叹老师在评估、贴扎后，身体舒适度的瞬间提升。

kinesio 贴布是由日本的加濑建造博士于1979年研发的一种原始弹性贴布，不含乳胶成分，过敏性低，可以激活和放松肌肉，正确使用可以持续贴3～5天。我每天都在见证贴扎技术与贴布结合的神奇之处，为其效果所折服。

随着课程学习的深入，学员人数也从开始的50多人，到两年后不足20人。2019年，我参加国际认证讲师考试时，只剩下9名学员。经历了复杂的考试环节，我最终取得了 kinesio 中国的讲师资格。

我穿梭于国内各大城市，做 kinesio 基础课程的培训，培训学员多达数百人。学员中有专业人士，也有普通患者，大家都是因为对贴扎的好奇而走到一起，然后学习贴扎技术。一次次的讲解与演示，一次次证明身体的强大感知能力，瞬间的启动效果让参与的每个人都为之震撼。

每次对各种患者进行贴扎时，我自己也在惊叹加濑建造博士的空动冷的理论，仅仅利用了小小的空间、加快了身体的循环和恢复正常的温度，就让人体发生了那么奇妙的改变。因疼痛而痛苦的面容，转变为对下一次治疗的期待神情；因疼痛而变得激烈的情绪，再次会面时，被温和而兴奋的话语所取代。

当我的案例积累越来越多时，我也越发体会到贴扎的灵妙。这么大道至简的治疗方法，没有药物刺激，只需要了解贴布的特性——对它伸缩性的把控决定了贴扎效果。我说贴布会说话，只有懂得它的性情时，才会暗暗地感谢它，因此每次贴扎都是一次修行。

站在选择的十字路口，54 岁时再出发

2022 年春节前，我突然意识到自己在医院康复岗位的最后一年到了，在开始倒计时的日子里，不免彷徨和焦虑，真不知道退休后的自己会是怎么样的。

就拿早起这件小事来说，一直习惯每日早起，出门前看自己的当日安排，如果没有了必须早起的紧迫感，自己能适应吗？我不愿成为终日懒散、没有时间观念的家庭主妇，希望在退休前，找到重新出发的方向。

如果没有疫情的出现，也许我会成为一名马拉松志愿者，参与各种赛事，周末穿梭在各个城市。当跑者用脚步去丈量世界时，我们这些志愿者则将爱的身影留在烈日暴晒或大雨滂沱的赛道上。

可疫情的到来，让此退休计划彻底搁浅，未来的路该怎么走？当退休的日子一天天临近时，有一天，我不经意间看到了薇安老师的公众号，又有几次偶然刷到了薇安老师的直播，她讲的每一句话都深深击中了我的内心，我一下子被这个充满才气与智慧的女子所吸引。

难道我曾经的梦想真的可以在薇安老师这里实现吗？54 岁再出发，也许我真的还有机会让人生的下半场释放出更多能量！我果断报名了薇安老师今年 1 月的那期"21 天个人品牌创富营"，由此走进了一个崭新的圈子。

在薇安老师的"个人品牌创富营",我突然感觉回到了四十年前的学生时代。我的工作太忙,每天必须抓紧早晨上班前的时间来听课、打卡,每周不同的学习内容让我静下心来重新认识了自己。

我按照课程一点点实践,从疼痛治疗私教到"小白"跑步启蒙,我做了各种课程尝试。乐此不疲的我一连上了三次创富营,每一次都有不同的感受。不仅收获满满,随着对课程理解的深入,我也终于理解薇安老师说的"极致利他"是如何实践出来的。

作为一名专业人士,我原来的工作都是坐等患者上门,解决疾病出现之后的问题。现在,我会和患者沟通发病原理以及如何预防、减少复发。更重要的是,我和患者的关系也更加融洽,不再只是治疗层面的医患关系,而是加入了很多关于人生问题的探讨、运动方式的交流。

我组织了很多活动,带领大家感受如何正确运动,如何通过呼吸让身体的协调性提升,如何改变体态,如何有效利用短短的十分钟,启动那些不常运动的肌肉……

成为 kinesio 贴扎讲师后,除了日常的教学工作之外,我还坚持每周做一次贴扎沙龙活动。大量的案例,让学员从不敢贴贴布,到寻找身边的贴扎师,让自己的身体舒适度提升,也让一些突发腰痛及各种运动损伤,如崴脚、网球肘的患者,得到了及时的救治。

看到一张张因我们而变得轻松起来的脸颊,我不禁感叹,小小的贴布,大大的力量!

深耕学习,放大梦想

2022 年上半年,我一个接着一个地参加了薇安老师的课程,从"个人品牌创富营"到"高效能行动营""个人品牌教练认证特训营""商业演讲创富实战营""百万营销成交课"……

我惊叹于自己自信心的增加,54 年来,我第一次认可了自己的能力!薇安老师激活了我全身的细胞,听着老师对人性与财富的解读,我感叹老师学识的渊博。她的自信、独立、有价值、智慧的新女性标准,每天都激励我一步步往目标靠近。

更重要的是,我发现自己和薇安老师非常同频。那个曾经萦绕许久的梦想,我相信可以在薇安老师的平台上实现。我想帮助 1 万多个家庭过上无疼痛的健康生活,我想用自己的学识影响更多生命!

我申请了薇安老师的私董,并过了面试,薇安老师给我的每一次赋能都让我更加清楚自己的方向是什么,用我所能帮助更多的人,我也更加希望能够紧紧地跟随薇安老师,去唤醒更多的人。让我非常感动的是,我在薇安老师创富营的坚持被老师、教练、学姐看到,每一期的结营仪式都收获颇丰,拿奖拿到自己都佩服自己。

从 2022 年春节开始,我的课程开始不断迭代,每一期课程都会吸引新的小伙伴来学习。从健康微运动到体态调整,受益的学员越来越多,后端的课程购买率也非常高。陪伴跑从 30 天到 3 个月,后来我成功孵化了自己的第一个年度社群,没想到依然很受欢迎。

回想当初,我从不敢改微信头像到在朋友圈宣发产品,从仅仅完成作业到参加创富营路演,从尝试做最小的 MVP 到开始逐步交付课程、组建社群……每一步,我都看到了自己的成长,更懂得过有成果的一生的意义。

感谢薇安老师让我迅速看清内心愿景,我能帮助更多的人。体态问题会困扰各个年龄段的人,从儿童的驼背到成人的颈肩腰问题,而我 33 年康复治疗积淀的技术让我的方案简单到人人都可以学习,简单到用 10 分钟就可以大大提升大家的身体认知能力,更重要的是,对于这样的身体变化,大脑会愉悦地接受,并可以多次重复,身体感知能力一点点提升,每一次训练都是一个愉快的身体认知过程。

特别让我欣喜的是,来自浙江绍兴的沈军通过我的小课,看到了我的 kinesio 中国贴扎课程,她马上报名了认证贴扎师的证书课程学习,边学习边实践。短短三个月后,她不仅帮家人改善了身体的诸多不适,她自己的体态也发生了巨大的变化,并开始影响身边的朋友。

沈军是我在薇安老师的辅导下,开展线上教学的成功案例。我通过一步步实践,将线上培训贴扎的难点逐个击破,将我只有线下课才能教贴扎、线下沙龙,才能让学员提高技术的思维彻底改变。

因此,我看到了更多可能性。我开始坚信帮助1万多个家庭的计划可行,并开始思考,我有没有可能帮到10万多个家庭。当我把这个想法告诉我的小伙伴时,他们非常支持,因为他们从我温和的力量治疗理念中获得了身体的巨大改善。他们选择相信我,并且愿意成为我10万多个家庭计划中的一分子,去影响和帮助更多的人!

从帮助1万多个家庭的愿景到10万多个家庭计划的确定,仅仅用了三个月的时间,通过在线上打造个人品牌,我有勇气不断放大自己的梦想。我知道自己并不孤独,我帮助10万多个家庭的梦想的背后是无数的信任与托举。

携梦前行,任重道远

2022年5月,我过完了在职场的最后一个生日,伴随着大家的祝福,我认识到了自己的责任。能教出更多具有培训能力的人,就可以让更多的家庭不再因为各种不适,在治疗的路上艰难前行。

学员让我进一步明白,未来的贴扎技术培训不只是针对专业人士,而是需要重新定位方向。我一直认为简单的东西才可以让更多人受益,多年来,我看到无论是心脑血管、骨科疾患,还是被腰腿问题困扰过的人,所接受的治疗手段都相当烦琐、复杂,一次次往返医院的路程、等待的时间让很多人都有放弃的念头。

我不断思考，怎样才能简便、高效地进行治疗，每一次对新治疗的探索都让我更加打开自己。作为康复治疗师，我第一次接触贴扎疗法时，并未完全放下自己过往的认知。我当时接受的贴扎培训，对加濑建造博士的理念并没有讲透，对于布的透气性和胶的性能也甚少有人在意。

我走过很多弯路，才来学习世界原创品牌 kinesio 贴扎技术。当时的想法也和很多人一样：布有什么差别？于是很可笑地买来各种贴布，用 kinesio 的技术去尝试，结果当然不能完全领会加濑建造博士的理念。

当我开始将 kinesio 贴布与 kinesio 技术完美叠加时，奇妙的效果就出现了。对于很多人来说，时间宝贵，一次贴扎可以舒缓局部 3~5 天，也大大节省了去医院的时间与费用。

大量的贴扎工作让我练就了更麻利的操作能力，从原来一位患者要花 30 分钟，到现在只需要几分钟的精准评估与操作，我想由衷地感谢大家的信任。如果没有燕燕的长年跑医院治疗的经历，没有周静和鲍振把 kinesio 贴布与培训引入中国，也许我会和 kinesio 擦肩而过。

我也感谢自己的探索，我从来都认为动作质量和高效时间管理非常重要。普通人没有更多的财力、物力的支撑，需要我们治疗师提供更简单、有效的治疗方案与普及知识。

2022 年 6 月，一起帮助 10 万个以上家庭的愿景诞生，看到那么多小伙伴响应，我真的很感动。随着我们尝试用社群的方式让更多人了解贴布的作用，我看到了贴扎在未来有无限的可能性。

少吃多运动的观点在我们这里行不通。我们仅用贴布对腹部进行呵护，就让忙碌的康复师、无法运动的职场人士、每日运动量超大的跑者在不限制饮食、不强迫运动的情况下，实现腹围缩小 2~11 cm。

大家对饮水、睡眠、亲子关系改善的关注与追求，让我们看到呵护身体所产生的巨大能量。我们一起去行动时，发现原来只需 10 分钟，就能让我们的体态明显不同。我们一直要求有图有真相地记录变化，让每一周的总结精彩纷呈。每个微小的回流都让我感到自己走对了，能用双手改变那么多人的人生，再忙也值得。

第四章 极致利他，永葆梦想

我一直认为每个人都有不少资源可以借力,但呵护健康只能自己来。对自己的身体的高度重视体现在生活的方方面面,比如,在剖宫产术后,从不会呼吸到正常呼吸,你的体态也会随之变化。

　　作为急救跑者,我当年参加跑步是为了探索跑步损伤发生的原因。经过多年的观察,我发现跑者的问题都在于核心不稳,如何简单、高效地调动腹肌是我一直探索的问题。贴布可以有效地唤醒腹肌,在提升腹肌活力的同时,体态也能发生明显改变。一个个成功案例的出现、一个个真实的表白,让我明白自己可以影响更多生命!

梦想落地,日拱一卒

　　举办年度营的想法是我在跟随薇安老师学习的过程中逐步萌生的。怎样让大家能迅速上手且长久不忘记贴扎技术,是我思考的问题,我一直在想是否有解决方案。

　　在薇安老师的平台上,因为看到太多奇迹发生我心想:只要有梦想,一定可以实现。我终于敢在直播间说出自己的 10 万多个家庭的愿景,虽然心虚,但小伙伴的鼓励让我坦然,做,不停地做就好了。

　　做年度营是为了找到能使用贴布的人并做好服务,没想到一推就爆了。从平平安安的期待,到兰兰的愿景,从壮壮第一个下单,到凯特姐姐的牵手,感动太多了。我们的社群陪伴由棋羽和蓓蓓负责,加上众多贴扎师的参与、带着好奇心的你的加入,我们越做越好,越来越有信心了,于是就有了更好的体态和收腹收腰的成果。

　　我真心感谢平平安安的选择、juju 的认知、行走的凯特的爱心、老闺蜜的参与,这一次不再孤独出发,而是有快乐相伴,感谢大家的参与,让 10 万多个家庭的愿景之旅更加可行。

我非常喜欢薇安老师的课程,老师独特的视角让我重新认识自己的商业价值,有教练和学姐的陪伴,有班班温馨的提示,有薇安老师的重磅加餐。

我非常庆幸来到了薇安老师的新女性平台,是她帮助1000万女性的愿景让我敢将自己的愿景放大。从1万多个到10万多个家庭计划的创建,让我将退休后实现新人生的计划大大提前。

职场生涯最后的每个清晨都有薇安老师的课程陪伴,让我的每一天都在见证梦想的实现。当我把扩大的梦想分享出去时,又有了更多的支持,我越来越清楚,自己要做的一方面是帮助大家恢复身体健康,另一方面是心理的成长,而这些在薇安老师的平台上,都是可以实现的。

我30多年的治疗经验能够帮助更多的人过上健康的生活。我发现我自己的理念和薇安老师高度契合,如果能够和薇安老师推出合作课程,是否能更有效地帮助他人呢?

我的想法得到了薇安老师的肯定,于是在2022年7月,我和薇安老师合作了我的第一个双教练的合伙人超级天使课程,并于第一次的12小时直播中推出,让有梦想的贴扎师和我一起过真正有成果的人生。我第一次感受到人生的价值可以继续放大,未来在10万多个家庭愿景的路上,也会有更多的同行者。

终身学习,彼此成就

这半年,在新女性创造社的学习时间,是我人生中思维变化最大的阶段,也是行动力最强的一段时光。我每天不敢懈怠,听课、打卡、做MVP、不停地输出、吸引更多同频的小伙伴……匆匆不停的脚步,让每一天都充满希望。

再出发的我,特别感谢薇安老师。人生的选择比努力更重要,原本内向的我,因为跟对导师,释放出更多的能量。原本不善言辞的我,也开始发光,因为我也希望可以像薇安老师一样,去照亮更多的人!

我54岁了,我曾一度认为自己这个年龄在职场上没有优势,被职场抛弃是个注定的事实。我迷惘过,低落过,内心的不甘让我最终没有放弃自己,没有随波逐流地等待退休。

2022年,我重新启航。再出发的时刻,我有很多感慨,我只有加倍努力,快速吸取新女性创造社的养分,快速释放自己更多的能量,去影响更多生命,去爱更多人,去用更简单的方法让更多人保持健康,快乐地过有成果的一生。

重新出发,虽然已临近退休,但这一次,人生的意义变得完全不同。

王小源

终身学习者
健康管理师
体制内前处级公务员

扫码加好友

王小源 BESTdisc 行为特征分析报告

SC 型

1级　工作压力　行为风格差异等级

新女性创造社

报告日期：2022年06月26日
测评用时：06分05秒（建议用时：8分钟）

BESTdisc曲线

自然状态下的王小源

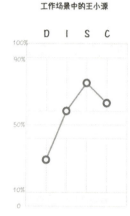

工作场景中的王小源

王小源在压力下的行为变化

D-Dominance(掌控支配型)　　I-Influence(社交影响型)　　S-Steadiness(稳健支持型)　　C-Compliance(谨慎分析型)

　　王小源是友善、亲切的倾听者，有同理心，有耐心且细致周到，是团队中稳定而可靠的一员，也是大家心目中的良师益友；处理问题条理清晰、谨慎细致，有毅力，能坚持不懈地努力，直到取得令人满意的结果；倾向于为别人提供有实际价值的输出，影响别人而不是要求别人；身边有很多老朋友，但也能迅速和陌生人建立轻松、友好的人际关系。

活出生命的意义，书写自己的人生

出身贫寒，辞去 9 年体制内的工作，只求助人为乐。

为了写好这篇故事，我和自己对话了很久，那些尘封在记忆里的画面一遍遍被我调出来。

有人问我："你希望你的孩子将来做什么？"

我怔住了，他们将来做什么，是我来决定的吗？如果孩子按照我的希望过一生，那么，他们的生命是自己的，还是我的？我忽然意识到，也许之前我的生命并不是我的。带着沉思，我回忆起我的前半生。

靠读书改变命运

1985 年，我出生在河南周口黄泛区的一个农村，这是当年姥爷姥姥逃荒时落脚的地方，并生下了四个孩子。

20 世纪 90 年代初期，改革开放的春风吹进农村。要强的妈妈离开农村，到省会郑州去寻找出路，幸运的我跟着妈妈进了郑州。记得那时候的借读费就要好几千元，妈妈辛苦打工赚钱，也只能供养一个孩子在城市读书，所以弟弟妹妹只能在农村老家读书。

也许是因为见惯了人情冷暖和经历了一辈子的颠沛流离，也许是因为我刚上小学就取得了一点不错的成绩，姥爷特别希望我能在大城市站稳脚跟，所以，他临终前千叮万嘱，让妈妈砸锅卖铁也要供我读书。

班里的同学大多都是军区大院的子弟，他们有全套的机器猫，有菊花晶，有公主裙，有小皮鞋，有漂亮的书包和文具盒，还有很多新奇的我叫不上来名字的玩具。我只能远远地偷瞄他们相互分享新奇的东西，听到他们带着骄傲和自豪说，这是我爸爸从国外带回来的，这是我妈妈去哪里旅游买的……我想看仔细，但也不敢凑上前去。

每个学期都要填学生表，其中一栏要填父母单位和家庭地址。每到这个时候，我都不知道怎么填，因为家里人没有固定工作，连住的地方都没有门牌号。还有一栏身份，我要填上"借读生"。所以，每次填表的时候，我都把头埋得低低的，生怕被同学看到。

长辈们担心我与家庭条件差距如此之大的同学一起学习，会有心理压力，所以常常告诫我："不需要和同学们比吃比穿，只比学习。"于是，我只能收回羡慕的目光，投向课本和作业，在学习中寻找自由自在的快乐。

多摆个小摊，就能多赚点学费

妈妈在郑州靠摆摊卖玉米为生。

每天凌晨不到2点，妈妈就骑自行车到十几公里外的市场去进货，挑选新鲜的玉米。大约四五点回到家，喊我起床，一起剥玉米、煮玉米，以赶上黄金的早餐时间。

中午放学，我就飞奔到妈妈的小摊上，换她回去休息一会儿。中午守着摊,能多卖十几个玉米,多赚十几元钱。

一个人守摊的时候,我真的是强装淡定。因为一来,要忍受来来往往的人异样的目光,也许他们在好奇,为什么这个孩子不去上学,要在大街上摆摊;二来,要随时做好"逃跑"的准备,因为说不准什么时候,城管就来了。如果跑得慢,出摊的小车可能会被没收。

我一边守摊,一边在心里盼望着时间快点过。等上学的时间到了,妈妈来了,我就可以不用这么害怕了。

晚上放学后,自然也不是先回家,而是来妈妈的摊位上。不过,晚上是最放松的时候。旁边的小摊都结束了一天的忙碌,开始物物交易。我拿着煮玉米换来一碗粉浆面条、一串糖葫芦、一串烤鱿鱼……

为了做生意,我们住在最热闹的城中村。抬眼望去,是鳞次栉比的高楼大厦,二七广场、亚细亚、郑州百货大楼尽收眼底;转进小巷,却是没有卫生间、采光极差的自建房,有两三层楼高的,有三四层楼高的,紧紧挨着,从窗户伸手出去,几乎可以摸到另一栋楼的外墙。

我们在一栋相对低矮的小楼的二层住了 15 年,里外两间,大约 30 平方米,有两个可以透气,但不透光的小窗户。我从来不敢奢望有个单独的房间,只希望能有一个属于自己的角落,安放自己的床和书桌。但直到搬离小楼,我也没有实现拥有单独书桌的梦想。回到家,我只能趴在床上写作业。

每逢过年,我们就全家总动员,弟弟妹妹也加入了摆摊的行列。

大年三十晚上,一家人围坐着看春晚,手里不停地打气球,编气球造型,还要剥玉米,几乎一夜不睡。大年初一一早,我们就会早早地出摊,抢占好位置。从初一到十五,我和弟弟妹妹从摆小摊上赚的钱,够我们一个学期的生活费。

我从小练就一身本领,比如,可以把一个七八斤重的哈密瓜竖着削皮,插上一次性筷子,均匀地分成八九块;还会用一个长条的气球编出兔子耳朵;会削菠萝、会烤玉米、会调奶茶、会做龟苓膏……

一路风雨，不忘读书

小时候，我最期待的就是开学。

领到还散发着油墨香味的新书，就像领到宝贝一样。我小心翼翼地把新书放进书包，整整齐齐地放好，生怕折了个角。

教室门终于打开了，窗明几净、亮亮堂堂，还有自己的书桌，比家里强太多了。

如果家里的小摊不需要我，我就喜欢待在学校，整洁的教室、宽阔的操场、美丽的校园、和蔼的老师……这里没有生活的压力，只有知识的海洋。

我不是班里最聪明的孩子，想要取得好成绩，只能付出更多。我睁开眼睛就开始英语晨读，洗漱的时间也被我拿来"磨耳朵"，上学路上必然是在听英语；大课间的时间也不容浪费，整理笔记、复习作业；守摊的时候，也会拿着习题册，时不时可以瞄上两眼。

我拿到成绩单的时候，总能看到家人的笑脸和骄傲的表情，那是他们一年到头难得露出的轻松、愉快的表情。妈妈似乎忘记了每天的奔波劳累，仿佛生活有了奔头。很多人跟她说，等闺女考上大学，有工作了，就可以享福了。

我知道，好好学习不仅是为了学知识，还为了改变一家人的命运。

我如愿考入了华中农业大学，后来还考上中国传媒大学的研究生。拿过国家奖学金，读着公费研究生，有211大学的双学历，长辈们很满意。读书期间，靠着学校里的勤工俭学岗位和自己兼职的收入，付完学费和生活费后，我竟然还略有结余。

我成为大家庭的榜样，带动弟弟妹妹们好好念书。在我之后，我们大家庭的多数孩子都读了大学，改变了种地、打工的命运。

在体制内工作，情系底层

研究生毕业后，我一心想尽快工作，改善家里的经济条件，但家人无比希望我考公务员。

我乖乖听话，参加了公务员考试，在竞争比例将近 1000∶1 的省公务员考试中，以笔试、面试双第一的成绩，考入了河南某省直机关。在城镇化高速推进的过程中，我们部门承担了住房和城乡建设、城市管理的重要职责，工作量非常大。

省直机关的很多工作偏向于宏观指导，工作的具体内容大多是制定政策。第一次看到自己的文字被编发成公文，发布到全省，我内心紧张无比，一遍遍地看，心想：不会有错别字吧？不会有病句吧？不会有词不达意的情况吧？我忐忐忑忑、如履薄冰，大概是因为对公权力无比敬畏的缘故。

怀揣着热情和谨慎，我全身心地投入工作，不计报酬、不计得失。工作时，用最高标准来对待，事事有着落，件件有回音，让领导、同事放心，认真、靠谱也成为我在职场上的重要标签。我也比较顺利地晋升为当年单位里最年轻的一位处级干部。

说来很有趣，我小时候出摊，最害怕城管，长大后工作的地方竟然就是在全省城市管理的主管部门。从战战兢兢的小商贩，到城市公共管理的一分子，我总是怀揣着为底层小民谋福利的私心。我希望在工作中，能让城市充满温情，让这个拥有高大上建筑的城市，也能包容每一个为生计而奔波的个体，给他们有尊严地生活的权利。

孩子出生，唤醒自我

如果不是两个孩子的出生，我想自己应该会在体制内一直工作下去。他们，改变了我的人生轨迹。

看着怀里的孩子，看着他们眼睛里闪烁的纯真光芒，我竟然不期待他们能成为我的荣光。我的孩子，不必背负任何人的希望，只要健康、快乐就好。

如果很幸运，他们能早日找到自己热爱的东西，那么，就在自己热爱的世界里发光；如果他们有能力，再做出一些对社会有价值的事，我也会全力给予支持。我，绝不强迫。人的一生，应该有多种可能、多样体验。孩子的一生，也应该由他们自己来书写。

在那个瞬间，我决定，给孩子做个榜样，带着意识和觉察，找到真正的自己，体验更加神奇的生命。

我一直在反思，如果之前的人生都不是自己想要的，那我渴望的人生究竟是什么样的呢？

那几年，高强度的工作、三四岁的大宝、一两岁的二宝，我像是一个陀螺，在高速的旋转中找寻人生的方向。

在我纠结、迷茫的时候，二宝多次生病住院。每当我看到孩子咳嗽时涨红的脸，高烧时无神的眼睛，因为嗓子肿痛、连奶粉也喝不下而消瘦的身体，我觉得自己好无能，也好无力。

二宝不到两岁，就因为肺炎住了四次院。

儿科病区设置了一个专门的房间，给孩子扎留置针，二宝对这个房间充满深深的恐惧。记得有一次住院，刚刚给孩子扎好留置针，回到病房给孩子换尿不湿时，也许是身体很不适，也许是情绪很烦躁，他非常不配合，哇哇大哭，折腾了好久，才把尿不湿换好。等把孩子抱起来，我惊呆了，孩子头下的白色床单上有一大摊血迹，再摸孩子的头，全是鲜红的血。

看着满头是血的孩子和那一摊血迹，我的心疼得像被刀割，旁边站着的爷爷奶奶已经慌了神。我强装镇定，呼叫医生。医生检查过后，发现是留置针跑针了。处理完血迹,孩子也哭累了,无力地躺在我怀里。医生说,还得再给孩子扎个留置针。已经哭累到不行的孩子又在那个小房间里,如受刑一般哀号。

二宝出院后,总会拉一个月肚子,长得如黄豆芽一般,而我和家人祈求的是他千万不要再感冒了。爷爷说,有一次,二宝在病房里迷迷糊糊地说:"爷爷,救救我!"听到"救救我"这三个字,我的心一颤,决定要做点事情,救救自己的孩子。

很少生病的我,开始意识到健康的重要性。不仅要让自己身心健康,还要拥有让家人都健康的能力。作为母亲,我该如何让家人少生病呢?

一位中医朋友让我观察孩子日常的舌苔和大便,定期拉肚子,预防积食。我将信将疑,在没有更好的选择之前,先听话照做。

也许是为了验证中医的效果,孩子又一次感冒了,流鼻涕、咳嗽。疫情之下,不便就医,我就让中医朋友看了舌苔。遵医嘱,不吃寒凉的药物,用了经典的麻黄桂枝汤,再加上一味调理脾胃的药。三四天后,孩子的症状竟然减轻了,然后痊愈了。还有一次发烧,用了麻杏石甘汤合枳术丸,没有住院,孩子不仅病好了,还没有出现之前在出院后继续拉肚子的情况。

受过高等教育、沉迷于数理分析的我,对中医有了一种说不上来的感觉。它很神奇,却无法用科学来解释。它在历史上庇佑了中华民族几千年,却被很多人嗤之以鼻。我一直也是将信将疑,直到切身经历了孩子生病,才想到去深入了解中医。

在深入学习中医的过程中,我知道了寒热虚实、表里阴阳,也反思我家二宝的感冒、肺炎等等,大多都是由脾胃虚弱、喂养不当有积食所造成的,日常重在调理脾胃。

我也开始懂得,健康不是由数据指标构成的,吃得香不香、睡得好不好、拉得畅不畅、有没有疼痛等等,这些都是智慧的身体所给出的信号。

研读政策，决心深入

常年的政策研究工作让我养成研读国家政策的习惯。习近平总书记说："健康是幸福生活最重要的指标，健康是1，其他是后面的0，没有1，再多的0也没有意义。"

2016年，中共中央、国务院印发了《"健康中国2030"规划纲要》，提出充分发挥中医药的独特优势，提高中医药服务能力，发展中医养生保健治未病服务。

2019年底，全球开启了疫情时代，新冠肺炎给所有人上了一堂健康教育课。面对新冠肺炎疫情大考，中医药交出了一份出色答卷。习近平总书记说："中华民族几千年都是靠中医药治病救人。特别是经过抗击新冠肺炎疫情、非典等重大传染病之后，我们对中医药的作用有了更深的认识。"

有一段时间，我的工作任务非常繁重，常常熬夜写稿子，头发掉得厉害，白天精神也不好。吃了一段时间阿胶后，不仅气色好了，头发也不掉了。读过中医之后，我了解到发为血之余，工作压力大、熬夜等最伤气血。气血足，百病无。气血不足，就会出现如脱发、失眠等亚健康症状。

从青春期开始，我每个月都会反复出现口腔溃疡。以前都是按照上火来处理的，吃降火药，喝败火茶，不但没有好转，反而越来越严重。直到了解了口腔溃疡的类型，辨清了自己的体质，才知道原来是寒湿体质所引发的，用降火的方式来处理是适得其反。后来，我做好祛湿，这个困扰我十几年的口腔溃疡竟然痊愈了。

妈妈意外查出腔隙性脑梗，在用中药调理半年后，复查康复了；妹妹多年的痛经，用阿胶调理，一个月就有了很好的改善；朋友的孩子反复扁桃体发炎，用几副中药就痊愈了。

一株小草改变世界，一枚银针联通中西，一缕药香穿越古今。国家政策导向和身体受益，让我深深爱上了中医。我知道，中医博大精深，必须要系统地学，才能出结果。于是，已经是研究生学历的我，决心考入河南中医药大学读本科,系统学习中医理论,师承一位品德高尚、正心正念的老师学习临床诊疗。

我相信,只要开始学,哪怕是一点点,也能帮到家人、朋友。谁天生就会中医呢?如果没有意外,我还有几十年的生命,完全有机会学到一点医学本领,帮助更多人保持健康,实现更大的价值,能用自己的知识和本领为他人、为社会做出贡献,这就是我最喜欢的样子呀!

很幸运的是,在新的求学路上,我得到很多人的帮助,所以我想把这份爱意传递给更多人。我不断精进自己的专业技能,学习健康管理、营养、心理等相关知识,教朋友们看舌苔、辨体质,帮他们调整生活习惯,用阿胶补气血。每当亲朋好友因为我的建议而身体变好、感谢我时,我的内心充满了价值感。

找到自己的人生使命

我的前半生,一路走来,虽然不易,但也顺风顺水。按照父母、老师、领导的标准,在别人画好的图纸上,成长为一个"标准件"。然而,我却时常恍惚,我拼尽全力过上的生活,真正是我想要的吗?我到底想要什么?

《活出生命的意义》一书中有这样的观点:"人们活着是为了寻找生命的意义,这也是人们一生中被赋予的最艰巨的使命。让每个人意识到生命的意义,也就使他有可能完成有创造性的作品,享受到人类之爱。"

有人说,我们有时候用半生去迷茫,却在几个瞬间成长,第一个瞬间是失去保护你的人,第二个瞬间是找到你要保护的人。孩子的到来,让我更加迫切地想知道答案。

纪伯伦曾写道:"你的孩子,其实不是你的孩子,他们是生命对于自身渴望而诞生的孩子,他们通过你来到这世界,却非因你而来,他们在你身边,却并不属于你。你可以给予他们的是你的爱,却不是你的想法,因为他们自己有自己的思想。你可以庇护的是他们的身体,却不是他们的灵魂,因为他们的灵魂属于明天,属于你做梦也无法达到的明天。"

是啊,我从小受到的教育,就是选出一个标准答案,而我们遵从和信奉的标准,无非是可以帮助我们重复他人的人生轨迹。这三十多年,我一直按照别人的想法来生活,我活成了乖孩子、好学生、好干部,然而,这里面少了自己的思想。

我想探寻更自由的人生。我常想起郑州的7·20特大暴雨,如果我在大雨中迎来生命的终点,我会怎么总结自己的一生呢?

我前半生最大的成绩,也许就是靠读书,让自己有了见识。虽然挣扎在社会的底层,但从未泯灭对美好的向往,心怀善良,积极向上。最大的遗憾,也许是陪孩子的时间不够多,如果有更多的陪伴时间,会不会给他们的生命注入更多爱的能量;也许是学成中医太晚,如果更早一些,是不是可以帮助更多人做好日常养生,远离疾病的痛苦。

我忽然明白了德国哲学家马丁·海德格尔所说的"向死而生",当你无限接近死亡,才能深切体会生的意义。

我决定辞职,守在孩子身边,潜心学习中医。有很多好心的同事、朋友劝我,现在的大环境不好,多少人挤破头,想考入体制内,求一份安稳的工作,你辞职一定要慎重。

我内心的声音却越来越强烈:人生短短几十年,你有活出自己的人生吗?三十多年的生命,你一直生活在别人的评价里,你知道你这一生是为何而来吗?你找到你的人生使命了吗?你知道你到底想要什么吗?

在一遍遍的追问中,我逐渐明白,是要继续活在他人的眼光里,一边拖延,一边后悔;还是勇敢一点,去书写自己想要的人生?我选择了后者。当意外和明天不知道哪个先来的时候,生命中的每一刻都应该投入到当下。

所谓安稳的生活,从来不是体制给予的,而是自己给予的。不求上进的安稳,不过是温水煮青蛙,只有每天努力地生活,才能求得长久的安稳。

勇敢做自己,绽放自己的光芒,活成自己想要的模样,活出一个闪闪发光的自我,是对生命最大的尊重。未来,我要传承与发展中医药文化,弘扬中华优秀传统文化,让中华民族智慧的结晶绽放时代光芒,在更多人心中生根发芽。

我相信,结合个人体质、以"治未病"为导向的中医调理会走进更多家庭。我要努力精进,掌握更多的养生保健知识,用知识和技能点亮更多人的生活,让他人有收获,成为更好的自己。

终身学习,永远有利他之心

如果此生只做一个职业,我选择做学生。

信息量呈指数级增长,科技快速发展,知识的半衰期越来越短。在体制内工作时,我常有恐慌之感。在工作之余,常常抓紧时间来学习。除了工作上必须完成的学习任务,我还积累了健康管理、幼儿教育、会计师、建造师、互联网营销等知识。

记得有一次,在工作上正好遇到黄河沙能不能作为建筑材料的问题,我学来的建筑材料知识正好派上用场;孩子出生后,我学习的幼儿教育理念,又让我比较轻松地帮助孩子度过"恐怖的两岁";为了孩子的健康,我不断学习中医,也让自己应对健康风险的能力有了很大的提升。

诚然,我们的社会越来越"卷"。如果其他人学得更多,那么你必须和他们学得一样多,才能保证自己不掉队。如果你已经工作了一段时间,你可能意识不到自己落后了多少,但如果你换一个领域,你会很快意识到自己的技能已经过时了。

在我踏出体制、准备开启个人品牌创业之路时,我知道自己需要一个个人品牌商业导师。我结识薇安老师后,就像挖到了人间宝藏。

在她的指导下,我做出了自己的第一门课程——"读懂月经晴雨表,让你更年轻的秘密",受到众多女性学员的一致好评。在她的督促下,我联合中医团队,设计出自己的第一款产品——"一人一方、精准调养"的私人定制阿胶滋补产品,选用药食同源材料,安全有效,得到客户的广泛好评,收获众多成功案例。她还教我,无论是工作、生活,还是创业,都要活得独立、自信、价值、智慧,过有结果的一生。我也将自己学习、创业的能力教给更多女性朋友,帮助她们在收获身体健康的同时,还实现个人收入的增长,她们的精神状态和自信心都有了很大提升。

爱因斯坦说:"一个人的价值,应当看他贡献了什么,而不应当看他取得了什么。"

有17年党龄、9年体制内工作经验的我,对"全心全意为人民服务"有了切身的体验。最难忘的是2021年7月20日16～17时,郑州一小时的降雨量达到201.9毫米!我在办公室里看着窗外,天就像漏了一样,大雨倾盆。

我所在的单位是城市防汛的主管部门之一,全体人员都进入了战斗状态,24小时随叫随到,很多同事都干脆睡在了办公室。雨一直不停,办公楼也开始停电停水,楼外一片汪洋。

主城区怎么样了?心急的领导和同事们坐着后八轮自卸车,蹚过被大水淹没的街道去实地查看,彻夜不眠,尽力调动全省甚至省外的力量开展救援。救援过后要重建,各个部门又尽快出台政策,协调各方资源,让城市恢复曾经的模样。

身在其中,应尽职责化为具体行动,我对为民情怀有了更加深刻的体会。

学习中医之后,我对利他也有了更加深刻的理解。药王孙思邈的《大医精诚》里有一段话:"无欲无求,先发大慈恻隐之心,誓愿普救含灵之苦。若有疾厄来求救者,不得问其贵贱贫富,长幼妍蚩,怨亲善友,华夷愚智,普同一等,皆如至亲之想……"孙思邈之所以能成为药王,受万世人民敬拜,正是因为他有这样一种利他的精神。中医重视慈悲、仁爱,能够帮助他人获得健康,就是"为人民服务",就是为社会创造价值。我此生只求能助人为乐，做一个合格的中医人。

我很喜欢北大才女刘媛媛在演讲时说的一句话："命运给你一个比别人低的起点，是想告诉你，要用一生去奋斗出一个绝地反击的故事。"即便出身贫寒，我们也不应该放弃对美好生活的向往。

我们如此幸运，生在这个伟大的时代，见证着日新月异的变化；也如此幸运，生在这个伟大的国家，每个普通人都有受教育的机会。对穷人的孩子来说，读书就是窥探新世界最好的窗户，也是改变命运最大的希望。现在，这个国家又在和平、高速地发展，带给每个国民更多的红利。

没有生在罗马的孩子，要学会赶路；没有伞的孩子，要拼命奔跑。经历过艰苦岁月，是人生面对任何困难和挑战时的底气。在坎坷和磨难中学会沉淀自己，朝着目标前进，未来都是一步步走出来的。无论是学习，还是工作，或者是生活，把事情努力做到极致，保持优秀的习惯，这些都会内化为人生的竞争力。

在生活中，有人给予帮助，那是幸运；没人给予帮助，那是命运。我们要在幸运青睐自己的时候，学会感恩；在命运考验自己的时候，学会坚韧。在以后的每个日子里，做一个真诚的人，不放弃对生活的热爱和执着，让自己成为更优秀的人，为国家和社会做点贡献。

林丽丽

个人品牌商业教练

直播发售操盘私教

扫码加好友

林丽丽 BESTdisc 行为特征分析报告
SC 型
7级　私人压力　行为风格差异等级

新女性创造社

报告日期：2022年06月26日
测评用时：03分55秒（建议用时：8分钟）

BESTdisc曲线

自然状态下的林丽丽

工作场景中的林丽丽

林丽丽在压力下的行为变化

D-Dominance(掌控支配型)　　I-Influence(社交影响型)　　S-Steadiness(稳健支持型)　　C-Compliance(谨慎分析型)

　　林丽丽耐心周到、细致可靠、友好用心，与人相处时，使别人感觉轻松舒服。条理逻辑清晰，善于制订计划和进行分析思考，做事公正，考虑周全；能与大多数人相处得很好，愿意倾听别人的想法，性格随和、亲切友好，但也沉静、认真、贯彻始终。

激活教育梦想，成为眼里有光、心里有爱的智慧女性

从月薪2000元的一线话务员，打拼成为公司高管后再创业，实现人生使命。

如果这篇文章能够给你带来一点力量或者启发，那将是我的幸运！

被生活压弯了腰，却压不倒心中的信念

我是一名80后，出生在广东一个落后的小城镇，在那里生活了15年。我这个连纯牛奶是什么味道都不知道的乡下野丫头，最大的愿望就是到大城市去当白领精英，像电视剧里的女主角一样，蹬着高跟鞋，穿着时尚，出入高档写字楼。

家里虽然不富有，但父母给了我们无条件的爱，有三个妹妹陪伴我长大，童年也算是快乐的。但在我10岁那年，父母创业失败，一切都不一样了……

家里欠下巨额债务，债主追上门来。爸爸不得不到外地另谋出路，妈妈留在家里一边照顾我们，一边到砖窑打散工，艰难度日。我一夜长大，学会了做家务和照顾妹妹们，分担生活的重担。

有一次，我到砖窑去给妈妈送饭时，看到妈妈挑着放满砖块的重担，一步一步艰难地爬坡，瘦小的身躯都被压弯了，黝黑、沧桑的脸庞上布满汗珠，才三十出头的妈妈，看起来像四十多岁。

妈妈挑一块砖的酬劳是一分钱，一次最多能挑 40 块，仅换来四毛钱，一天得挑多少担，才能换来我们一天的生活费？每一担砖接近百斤重，而她当时的体重还不到百斤。

我在旁边看着妈妈，眼泪禁不住往下掉，暗暗发誓：长大后，我一定要努力赚钱，让家人过上好生活，不用妈妈那么辛苦搬砖，而且我一定要靠自己的脑力赚钱，而不是靠体力。

从此，我努力学习，因为我知道知识能改变命运。我的成绩也从班里的中等水平，慢慢名列前茅，家里的墙上贴满了奖状。

因为家里的经济实在困难，我放弃了读高中的机会，上了中专，希望能学一门技能，早点出来打工赚钱。我没有抱怨父母，因为他们已经在能力范围内给我提供最好的了。

蓄势十年，破圈成长

我要实现自己的梦想，努力赚钱，让家人过上好的生活。

中专毕业后，我一边打工，一边通过自考，拿下了本科文凭和各种职业技能证书。既然命运没有给我一个好的出身，那我就自己去创造。

我毕业后的第一份工作是在一家信息科技公司做一线话务员。从话务员到培训导师，再到培训主管，我花了三年多的时间。

终于，我获得了直属上司和老总对我的信任，交给我一项艰巨的任务：对一个全新领域的项目进行培训与管理。这是一个国家级的客服行业竞赛项目，无论是业务内容，还是管理模式，我都不熟悉。内心不服输的劲儿告诉自己：这是一个很好的机会，必须要牢牢把握。因为起点低，所以必须要比别人更努力，才能到达目的地！

为了完成这个项目，我每天睡觉不到4小时，每晚不是抱着资料入睡，就是趴在电脑前睡着了也不知道。

我从0开始，一边学习业务知识，一边拆解项目细则。从培训项目的设计到流程制订，再到每一步的细节安排，每一个环节都力求做到一丝不苟、严谨有序。

终于，功夫不负有心人！项目成功落地，我顺利带领团队参加国资委举办的大赛，并一举获得了4枚金牌、共16个奖项。要知道，金牌获得者可获得全国五一劳动奖章。这个成绩在我们行业里是史无前例的，至今也没有被打破！

此后，我还参加了香港客户中心协会（HKCCA）培训导师大赛，与行业内的培训师同台比拼，获得了"最佳培训导师"奖项。

当我站在于香港迪斯尼大酒店举办的颁奖晚会的领奖台上时，我激动不已，脑海中浮现出妈妈被沉重的砖块压弯腰的景象，我终于有能力让他们过上比以前更好的生活了，也成为妈妈的骄傲。

从一线员工做到部门经理，我带领着几十人的团队，同时负责10多个项目。在这个过程中所练就的项目管理经验以及与客户的对接能力，为我日后的发展奠定了基础。

兢兢业业地干了近10年后，我看到自己在这个行业的天花板，想走出舒适圈，突破自我，于是我辞职创业了。

公司的老总为了挽留我，破例允许我每周只上一天班。就这样，我一边创业，一边管理着公司的核心部门。

当时，很多人劝我不要冒险创业，好好待在公司，会更稳定和轻松，但不甘平凡、心有追求的我总是喜欢挑战各种未知，多年的项目管理经验与商业思维再一次体现出价值。

我在线下儿童教育培训机构积攒了初步的创业经验，后又及时抓住互联网电商风口，与先生一起经营线上皮具店。我们开拓新的销售渠道和产品布局,定位于做高端产品,引流到私域成交,慢慢积累了很多优质的高端客户,并且成为我们的忠实粉丝。

最后业绩翻了几番,哪怕后来遇上疫情"黑天鹅"事件,也没有受到多大的影响。线上创业7年,每年营收超过500万元,帮助超过百位代理月入10000多元,数十位代理月入50000多元。

激活梦想,重新出发

每每看到身边的人受到疫情的影响,生意失败或者失业,我就很想去帮助他们,想与他们分享自己的经验。可能是因为我是培训师出身的,对教育有一种执着与热爱,又或者是我心中有一团火,但是具体是什么,我当时也不太清楚。

2021年11月,我在公众号"薇安说"看到一篇文章后,报名了薇安老师的"个人品牌私房课",我的人生轨迹发生了变化,逐渐找到了心中的答案。

课程结束后,薇安老师跟我说的话,我这辈子都不会忘记,她说:"我看到你内心的软弱,我也知道你的不自信,但是相信我,你只是不知道自己有多棒,你有多优秀。你要相信,你值得拥有一切的美好!"

这句话就像一束光,把我心中的阴霾一扫而空。过去,我确实内心有很多的不自信,总觉得是因为合伙创业、依靠他人才取得的成功;但那天,我内心重新燃起了一团火。

我相信薇安老师,我也相信自己! 是的,我一直都棒,我有能力去做自己想做的事,只是我没有察觉到罢了。我决定要跟随老师学习,要大胆做自己,勇敢去追求自己想要的东西!

我成为薇安老师的高端合伙人。我要勇敢地走出原来的圈子,去拓展自己的视野。薇安老师给我进行一对一的赋能,挖掘出我做教育的天赋,加上我10多年的项目管理经验及7年的创业经验,老师告诉我,我很适合成为一名个人品牌商业教练,我可以帮助很多迷茫的人找到人生方向。

老师唤醒了我心中沉睡已久的巨人,当梦想被激活的那瞬间,我整个人都变得兴奋起来,我又找回了目标。我太喜欢这个定位了!我喜欢做教育,我喜欢那种用生命影响生命的状态,我找到人生的使命了!

我把我多年项目管理和创业的经验重新进行梳理,形成了一套自己的知识体系,同时,我努力学习个人品牌的打法,我要把这套经验通过线上教给别人。

在线上打造个人品牌比实体创业容易很多,无须投入大量的资金、人力、物力,每个人都可以打造个人品牌,不需要组建团队,自己就可以成为一个IP,把知识、能力进行变现。

我通过专业的学习,成为一名个人品牌创业教练,并帮助很多之前做传统线下业务/服务的人成功开展线上业务,顺利转型到线上;帮助了很多因为"黑天鹅"事件而处于迷茫、焦虑中,正在苦苦挣扎着寻找出路的人找到了方向和定位,实现业务的转型和业绩增长。

人生不断升级的关键

从一个来自贫困农村的女孩,一路打拼成为公司高管之后,再创业,最后成为个人品牌教练,一路走来,我经历了很多,也成长了很多。经常有人问我,是怎么做到人生不断升级的,在这里,我跟大家分享以下几点经验。

想全是问题,干才有答案

在做个人定位时,我内心是很纠结的,担心自己的专业能力不够,想再多学习一点,一直不敢去做,一切都是停留在想的阶段。

后来,在薇安老师的指导下,我认识到:人有时候会受到自己思维的限制,我们所认为的不好,可能是因为对自己的认知不足所造成的,戒掉内耗最好的方法就是先完成,再完美,一边做,一边迭代。所谓"想全是问题,干才有答案"!定位不是一次定江山,是可以不断迭代的,这是一个动态的过程。

受到启发后,我全然放开自己,一边学习、一边做、一边迭代。只要我们正心正念,抱着一颗利他的心,做着自己热爱的事情,结果都不会差的。

如何在线上一步一步打造个人品牌呢?以下都是我实践过的落地可行的方法。

方法一:学习发朋友圈

打造个人品牌其实就是打造个人影响力,需要不断进行价值输出,朋友圈就是一个重要的输出平台。我主要分享学习感悟、心得、价值观等,呈现出自己真实的积极的一面。这样可以吸引到同频的人,让更多的人愿意靠近。

方法二:抱着开放心态,主动去与他人沟通

主动曝光自己,多为别人提供价值,运用所掌握的知识及经验去赋能他人,一定要相信自己对他人是有价值的。只要真心为他人着想,去帮助他们解决问题,就能收获真正的朋友。将心比心,多去了解别人,也给别人多了解你的机会。

我是不喜欢在各种场合发言的人,习惯一个人默默学习、按时交作业,独自成长。然而,与其一个人埋头苦干,不如抱团取暖,互相赋能,互相成就,所以我对自己说:如果想要改变,想要成长,就一定要迈开这一步,走到人群中去。

我开始在各种学习群里积极发言、鼓励他人，给予他人有用的建议和帮助，同时也学会适当地求助他人，让别人来帮助我。慢慢地，我认识了很多志同道合的朋友，自己也在不知不觉中得到了很大的提升。

在与他人沟通这件事上，我做对了以下两点：

一是筛选出高质量的付费群，主动添加与你在群里有过互动的人。

学会主动出击，学会一对一私聊，增加私域流量。我总结了有诚意的添加好友话术："对方昵称＋您好！我是林丽，希望有机会结识优秀的你，互相学习。"通过率超过80%。

对方通过后，我会主动打招呼和进行自我介绍，让对方留下不错的第一印象。通过这样的刻意练习，一个月内，我的微信好友就从最初的600多人增加到1100多人。

二是为他人提供力所能及的服务，助力他人。

主动靠近他人，并为他人提供力所能及的服务。今日助力他人，他日也会被他人所助力，能量是会回流的。

2022年5月，薇安老师的3位优秀教练碧云教练、语浠教练、商华教练挑战"12小时大事件直播"，找到我来协助做直播运营总操盘手，我爽快地答应并全力参与，从宣发文案到直播运营的每一个环节和细节，从筹备运营团队，一直到直播当天12小时的现场统筹和协助，再到后期的跟进，我把这些事情当成自己的重大事情来做。最后，这3个教练的直播间都突破了10万元GMV。

越来越多的人看到了我的价值，主动来找我，让我给他们做直播操盘手，仅仅在7月份，我就接到了超过10个项目的邀约。当我真诚地去帮助别人、赋能别人时，我收获了巨大的成就感与满足感。全力托举他们，其实是在托举自己的明天。

薇安老师说："每个人都有被需要的需要。"当别人需要我的时候，我就会看到自己的价值，这种满足感比赚了多少钱还让我开心。每个人都有被需要、被认同的需求，所以主动去给别人提供价值，只要你是正心正念的，别人会感受到你的热情的。

一边向上学,一边向下教

越是曝光自己、赋能他人,所得到的正向反馈和能量回流就越多,我就变得越来越自信。

当我帮助了很多人之后,我不再像以前那样自我怀疑,而是深信每一个人都是独一无二的,会有自己闪闪发亮的地方。当我不断输出价值、帮助他人、做利他事情时,除了能量不断提升,个人的综合能力也在迅速提升。

为了更快地拿到成果,我开始一边向上学,一边向下教。这是我测试过的最快的成长方式,3个月比我过去3年所获得的成长还要多。

经验一:确定你的事业愿景

帮助1万多个教育人打造个人品牌,实现个人成长和商业变现,成为更好的自己,这是我给自己定的事业愿景。

事业愿景就像一张导航图,让自己不迷路,或者当自己想要放弃的时候,看看这个美好的愿景,就能给自己带来源源不断的动力。

对照着自己的愿景,根据目标达成的情况,列出自己需要提升的地方,思考怎么走,才能更快地到达目的地。不断地提醒自己要不断输入,也要不断输出。

经验二:边学边教

新女性创造社是拥有个人品牌教练认证体系的教育平台,所以我毫不犹豫地加入这个平台,努力学习个人品牌教练技术。

我前后花了3个月,全身心地在平台上学习,通过了理论考试后,又一次性地通过了颇具难度的实操考试(通过率仅20%)。

同时,为了更好地积累经验,我一边在平台做个人品牌教练的实习(真正实打实地面对有打造个人品牌需求的学员,进行一对一的赋能和沟通),

一边对外开始招收学员（从免费咨询到 399 元/小时，再到 699 元/小时），每一个学员都是超值交付、用心辅导。

最后，在朋友圈中持续输出价值，包括我的学习感悟、取得的成绩、学员个案分享等，大方、真实地展示我的专业能力。

坚持了两个月的个人品牌商业教练和家庭教育相结合的专业内容输出后，我吸引到了第一批私教学员——教培机构的教育从业者。

近半年的个人品牌教练专业学习让我的教练能力越来越扎实，我一边向上学，一边向下教。我一边跟薇安老师学习，一边在个人品牌训练营中当学姐、教练，给学员赋能，同时常私教学员。

我的 2 位私教学员在儿童教育方面非常优秀，他们都是开儿童教育培训机构的，有 10 多年的教育培训经验。疫情对实体机构的冲击非常大，他们也遇到了前所未有的挑战和压力。由于我多年来一直热爱儿童教育，结合我多年的创业经验，我能够很好地了解儿童教育者和创业者的困惑和需求。

因为 10 年的培训导师经验，我对课程的设计和开发已经驾轻就熟，对如何将线下课程转化为线上也有丰富的经验。我深入了解学员的产品、课程体系和商业运营等细节内容后，对他们的整个商业模式、产品矩阵和会员体系进行了重新梳理，给他们进行布局优化，从 0 开始，帮助他们开发出新的线上产品体系和运营体系。

更早前，我还考取了国家高级家庭教育指导师证书，持续在家庭教育领域学习与成长，所以对于家庭教育领域的产品课程设计，我能精准地带领学员开发出迎合市场需求的线上课程产品。产品设计开发对于整个线上商业布局来说，尤其重要。

除了线上产品的开发与设计，我同时给他们强调了社群、直播等多元化发展的线上运营渠道的重要性。在短短一个多月的时间里，协助学员做了近 10 场直播，创建了 1 个社群，卖出了 10 多个线上课程，创下了 90 分钟直播的 GMV 突破 5 位数的纪录。

在 1 个多月之前，他们从来没有开展过线上业务，也没有做过直播和社群等，更没有线上课程和产品。对传统教培行业从业者来说，这是一个重大的突破！

为了更好地赋能我的私教学员，协助他们打通直播渠道，我付费向专业的直播教练学习。一边向老师学习直播，一边自己开直播，一边教学员直播，真正做到了边学、边干、边教。在这过程中，不断总结经验，力求把最有用的内容教给学员，带领他们迅速成长。

我就是这样向上学习，向上教，从而获得了快速成长！

一定要坚信，什么时候开始都不晚

做任何事情，信念很重要！

越努力交付，收到的正向反馈就越多。当学员取得成绩和进步，我内心真的无比激动和开心，比我自己取得成绩还要开心。这就是我热爱的事情，成人达己，帮助他人取得成功，变得更好。

过去那些"你现在才开始做，会不会太晚？"的内心质疑，现在几乎听不到了。是的，当我一直坚定自己的信念，并且努力去执行时，所有的问题都会找到答案。只要你想要变得更好，无论什么开始行动，都不会晚！

感恩我遇到了贵人，感恩他们对我始终不离不弃；感谢互联网时代给予我们的机会，通过个人品牌打造，把我们的价值无限放大，让我们可以找到同频的人，帮助更多人成长。愿我们都成长为眼里有光、心里有爱的智慧女性，携手前行。

如果你正处于事业的迷茫中，苦于找不到方向和引路人；

如果你想突破自我，做热爱的事情，并实现人生价值；

如果你想要在线上实现知识变现，开拓副业或者新事业；

如果你想将线下实体业务转型到线上，做轻创业，想要通过打造个人IP，实现业绩翻倍……

欢迎你来找我，我将毫无保留地把我多年的培训和管理经验，以及线上轻创业的经验分享给你，手把手带领你打造个人品牌，帮你梳理个人品牌商业定位和布局你的产品体系，打通变现路径，助力你实现财富增值，拥有幸福人生。

第五章

抱团成长，价值倍增

李宜谛

媒体行业创业导师

私域运营专家

扫码加好友

李宜谛 BESTdisc 行为特征分析报告
SCD 型
1级　工作压力　行为风格差异等级

新女性创造社

报告日期：2022年06月26日
测评用时：11分20秒（建议用时：8分钟）

BESTdisc曲线

自然状态下的李宜谛

工作场景中的李宜谛

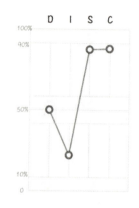

李宜谛在压力下的行为变化

D-Dominance(掌控支配型)　I-Influence(社交影响型)　S-Steadiness(稳健支持型)　C-Compliance(谨慎分析型)

　　李宜谛做事有行动力和魄力，亲切可靠，善于聆听；在工作中，直截了当且深思熟虑，围绕目标，坚持不懈；在团队中，她能以大局为重，也会关注到在任务推进过程中的各种细节，保持高标准和对质量的把控；能客观、冷静地分析问题，条理清晰，逻辑严谨，在知识和能力方面有非常高的水准。

相遇的意义，就是一起往前走

从网络公司的销售员到区域互联网运营导师，找到破局之道，实现价值倍增。

时光，总是在不经意间流逝，转眼，我已经步入中年。

回首这 40 年，我们家经历了三代人的生活变革，我自己的人生也是起起伏伏。

感恩的是自己一直没有放弃，凭借着坚韧不拔的精神，克服一个个难关，最终实现了自己的梦想。

天生我材必有用

1981 年 12 月，我出生在河北省衡水市枣强县的一个普通农村家庭。第二年，我国的计划生育政策被写进宪法，我便成了一名独生女。

那是一个新旧交替的特殊年代，既没有 20 世纪 70 年代的迷惘与困惑，也没有 20 世纪 80 年代末的大胆与放纵。独立、内敛、追求自由，但又不够开放，是那个时代给我的性格烙下的印记。

我的爸爸是一位老实巴交的农民，偶尔外出打工，补贴家用。妈妈是一名农村小学教师，是一个朴实、独立、自强的女人。她从小就教育我，要善良，做人做事要懂得付出与感恩。除了工作以外，她要下地干农活，还要打理家务。上有7位老人要照顾，下有我这个女儿要管教，但她从来不抱怨，对我更是倾注了全部的心血。

妈妈经常很晚了，还一个人在地里除草、拾棉花。我心疼妈妈，晚上12点还打着手电筒，帮妈妈干活。每次我都会自己定下目标，没完成目标，即使再晚也不回家。小小的年纪不知道哪儿来的倔强，我想只要我能多做一些，妈妈就可以少做一些。

中考后，我被秦皇岛的一个专科学校录取，读的是电子商务专业。我一直觉得命运掌握在自己的手里，虽然不是我理想中的大学，但我仍然放弃了复读机会，开启了我的大学生活。

毕业后，虽然站在人生的十字路口上，还不知道未来的就业方向，但我内心对自己的未来充满了信心！

2003年，大学毕业后，我去了男朋友所在的城市。那时，他在当地有一份人人都羡慕的工作，收入尚可，我完全可以选择在那里安逸地生活下去，但那并不是我想要的。经过一番纠结，我最后听从自己内心的声音，只身一人来到北京打拼。

那时在北京，我一个人也不认识，蜗居在六环以外一个6平方米的工厂小房间里，除了一张连褥子都没有的硬板木床，里面什么也没有。就这样，我开启了"北漂"之旅。

起初，我每天从东六环跑到南三环，从南五环跑到西四环，坐着公交车穿梭于大半个北京。有时候，不想跑太远，就只面试一家公司，每次面试完，就带着十几份简历，从楼上走到楼下，挨家挨户地敲门询问是否招人。

虽然吃了很多闭门羹，但我仍然不气馁，内心那种"天生我材必有用"的想法一直留在我心底，终于，我被一家网络公司录用，当销售员。

连什么是广告位都不懂的我，硬着头皮给客户打电话。虽然没有专业知识、欠缺销售经验，但我可以尽我所能，帮客户找他们所需要的信息和资料,经常晚上快 11 点了,还在和客户沟通。这不禁让我想起小时候在地里为自己制订的小目标而努力的情景。

3 个月后,在 30 多个人的团队里,我从销售小白做到业绩排名公司前三;1 年后,我成为省份渠道经理,业绩全国第一;4 年后,我助力公司扩展到有 1000 多家运营商。

后来,因为结婚生子,我申请回河北省办公,虽然异地居家办公,但无论我到哪里,我的心始终与公司在一起。我热爱这份事业,它让我越来越有价值感与成就感。

孩子还不到 1 岁时,公司老总给我打了个电话,跟我说公司出了一点问题,希望我能回去力挽狂澜。看着怀里的孩子,想到是这家公司给了我生活的底气,想起了妈妈教我们做人要懂得感恩,于是我咬咬牙,把孩子交给家人照顾,坐上了去北京的列车。

回到北京,因为还在哺乳期,我晚上经常因为涨奶而痛醒,而最让我无法忍受的是对孩子的牵挂。每次在电话里听到她的哭声,我的心都碎了,恨不得马上飞奔回去。

经过努力,公司的情况逐步平稳下来了,此时我却遭遇新的打击——妈妈查出了胃癌! 犹如晴天霹雳! 为什么老天要这样对一个善良、勤奋的人?

最终,妈妈做了全脾胃切除和三分之一的肝脏切除手术,手术很顺利。在她逐步恢复之后,我才勉强放心,继续留在北京。白天忙工作,在夜阑人静时,想着妈妈的身体状况和不到 1 岁的孩子,我就忍不住掉眼泪。晚上经常睡不着,第二天还要打起精神去工作,落下了神经衰弱的后遗症。

找到破局之道,实现价值倍增

从小,我就有一个愿望,以后不管到哪里,都要把爸妈带到哪里,不让他们再受生活的苦。于是,我给自己定下了一个目标:3年内,要把家人接到北京来定居。

3年后,我在北京拥有了自己的房子,全家人搬到北京定居,落户与孩子上学的事宜也都安排好了。我就是一个定了目标,就一定会去努力实现的人。

2015年,我怀了第二个孩子。这时候,公众号的风口也刚刚兴起,我毫不犹豫地开通了一个公众号"延庆生活"(原名为"延庆在线"),没想到从此开启了我的第二事业。

在大宝上一年级、二宝还在哺乳期时,我回归职场,成了"背奶"一族。因为工作原因,先生每周只能回来一次,所以,每天下班后,抱着二宝喂奶、辅导大宝学习,同时处理手头工作变成了我的常态。

不到两年时间,"延庆生活"竟然成为本地行业头部公众号,积累了15万本地粉丝!这个时候,我想,我需要团队化、规模化运作了。于是,很快找到现在的合伙人,我们一起从3人、5人做到现在的10人小团队,副业与主业齐开花。

正当我准备好好干的时候,一个让人意想不到的事情发生了——2020年,全国疫情暴发!这起"黑天鹅"事件让所有人都措手不及。公司业务受到很大的影响,我的副业收入也开始下降。

我快40岁了,迈入中年,身体开始吃不消了,精力不如以前。要在北京这样的城市生活,上有老,下有小,各方面的压力一下子铺天盖地而来,我好像被一只无形的手捏住了脖颈,呼吸困难。想停下来,但生活还得继续,就不能躺平。

我本来就经常失眠,现在面对变数,更睡不好了。好想突破,但不知道出口在哪里。我真的很焦虑、迷茫。

找不到破局之道,通常是因为我们的思维受限了,于是我开始付费学习,寻找出路。

2022年3月,通过一篇公众号文章,我了解了薇安老师以及她的王牌课程"21天个人品牌创富营"。凭着职业媒体人的敏感,我感觉到个人品牌肯定是时代的一个趋势,我必须要抓住!

现在靠单打独斗的勤奋已经很难获得成功，要学会抱团取暖，要进入高能量的圈子，升级迭代自己的思维。不想被这个时代抛弃，就必须不断学习。

"你变了，世界就变了。"这是薇安老师常跟我们说的一句话。以前，我总是因为焦虑而睡不着；现在，心情舒畅了，身体变好了，与家人的关系也更加融洽。

经过2个月的学习，我掌握了个人品牌的打法，思维认知获得了很大的提升。后来，我又成为薇安老师的超级天使合伙人。

学习个人品牌的知识后，结合自己多年的行业经验，我感觉豁然开朗，这些知识还可以运用在工作上。我给公司业务部门重新梳理产品体系，包含引流品、爆品、利润品，借助个人品牌教练技术，梳理每个人的优势、定位，协助他们进行线上营销体系转型，一个月时间提高了2倍的营收；结合客户的优势、资源，给他们进行定位，提供解决方案、制定目标，用教练技术问客户问题，建立信任感，营收增加了7位数。

我还用所学知识赋能我的副业团队，跟他们讲"人在前，货在后"，改变了他们原有的思维，提升他们的认知，他们的状态改变了、效率提升了，团队的产出效能大大提高，整体士气恢复到疫情之前。

身边的朋友看到我的变化，都来向我咨询，我利用个人品牌知识，给他们进行了解答及指导，助力创业者、职场人士、自由职业者找到疫情破局的方法。

跟着薇安老师学习才2个月，加上自己的努力，我不管是家庭，还是主业与副业，都齐开花。我重新找到了人生的目标，我立志要帮助1000多个人通过打造个人品牌，实现价值倍增，过上有钱、更值钱的人生。

疫情破局方法

全球疫情已然出现了，除了祈求疫情快点过去以外，我们能做的就是让自己变得更强大,对抗疫情所带来的各种影响。以下是我总结的疫情破局方法,希望能给大家一些启发。

与自己进行对比,每天进步一点点

每个人的起点不一样,投入的时间和精力也不一样。以自己为起点,只要每天有进步,那就是在不断向上成长。不要给自己太多无谓的压力,不要跟别人进行比较,这样只会让自己精神内耗。

刚加入薇安新女性创造社的时候,看到很多优秀的小伙伴每天都在群里报喜,而我一直默默无闻,心里有一些小焦虑。后来,教练跟我说,我才刚加入,不用太着急,其他人也是经过沉淀才有这样的结果的。我们要学会看到自己的进步,只要一直努力,情况一定会越来越好的。

调整好状态后,我开始把关注的焦点落在自己身上,拿今天的自己与昨天的自己相比较,明天的自己与今天的自己相比较,我确实看到了自己在不断成长。

所以,不要盲目地跟别人做比较,以至于看不到自己的优势。要记住,永远只跟自己比。

先处理心情,再处理事情

在我看来,迷茫与焦虑本质是两码事。焦虑是暂时做不了某些事情所导致的紧张感和压迫感,短期是可以缓解的;迷茫是看不到方向的无助感。迷茫有时比焦虑更让人煎熬!

当你感觉自己状态不好时,不要急着处理事情,要先处理好自己的心情,学会寻求外界的帮助。

当我的主业与副业受到影响时,我陷入了深深的焦虑与迷茫中,各种事情压在我的身上,导致经常失眠,感觉自己记忆力下降,特别容易疲劳。

通过跟薇安老师学习之后,我找到了引路人。薇安老师和教练帮我重新梳理定位,找回初心,我心里一下子就踏实了,不再迷茫。

当你遇到不顺心的事、情绪很糟糕的时候,一定要先处理好自己的情绪问题,再去处理事情。如果先处理事情的话,肯定是做不好的。

薇安老师经常说:"你好了,世界就好了。"你就是世界一切的根源。先从你的心出发,只要心不乱,一切都会向着美好的方向出发,并且可能会收获一个美好的结局。

比如,我自己状态变好了,对孩子的教育也好了。我比原来更容易看到孩子的优点,懂得欣赏她们、赞美她们和鼓励她们。多发现孩子的优点,了解孩子想要的生活,并制定目标。心中有了对孩子的定位,也不再瞎指挥和焦虑了。

以前,孩子一哭闹,我就来火,心情烦躁;现在,我会以心平气和的方式来处理。孩子在这样的氛围下,能够感受到我的情绪,她们也变得更爱笑,每天心情都很不错。我与孩子就像好朋友一样,很少为育儿的问题而烦恼。

遇到任何事情,都要记得,先处理好自己的心情,再处理事情。因为带着负面情绪去做事,是不会把事情做好的。内心的卡点消除了,才能够集中精力去解决问题,这样,结果也会事半功倍。

懂得抱团取暖,与优秀人群一起努力

虽然以前我也是带团队的,但是一直以来,我都喜欢亲力亲为,把很多事情都揽在自己身上,习惯一个人埋头苦干,结果总是感到很累。

后来,我学会调动团队人员的积极性,将学习到的知识赋能给他们,提高团队的沟通效率。团队成员都说,感觉自己的价值感比原来提高了,也有自信了。

原来只靠卖产品,缺乏信心,现在自己有了教练的专业基础,谈判效率高了,信心增强了。第一个季度即提高了将近一倍的业绩!

我不会再一个人苦干了,要对自己的团队有信心,放手交给他们去做。

一方面,既锻炼了他们的能力,另一方面,可以增强他们的认知。

我们团结一致,为了共同的目标,一起努力。抱团成长,才能走得更远。

在薇安新女性创造社里,有来自全国各地积极向上的女性朋友陪伴自己一起成长,视野开阔了,不再局限于原来的认知范围和圈子里。有优秀的小伙伴在群里分享他们的成功经验,大家互相学习,资源也可以共享,一起把势能打造出来。

除了互相学习、资源共享外,还可以进行深度合作。在学习期间,我认识了一位在江西从事婚恋咨询的老师,刚好我的公司也有婚恋业务。对她的从业背景、资源、能力、优势等进行了解后,我发现她有多年的婚恋平台从业经验、很强的婚恋咨询技能,擅长线下的情感指导和服务。目前,她已借助薇安新女性创造社,梳理出自己的知识体系,打通了线上营销体系。她现在遇到的问题是,缺乏本地用户,线下会员服务难以开展。

她的情况与我们网络媒体平台真的太互补了!于是,我建议她:利用本地网络平台创业,创立一个本地网络媒体品牌,直达本地各类高端资源。借助媒体品牌+个人品牌+专业力,既可以接触本地的高质量用户,又可以提高客单价,还可以借助网络品牌加自身原有的资源,举办一些本地相亲活动。

她听了我的建议,第2天就启动了互联网创业项目,借助本地媒体品牌,找到了本地民政局和妇联,经过2次拜访之后,很快与对方达成了共同举办本地相亲活动的共识。相信有政府背书,有本地商家参与赞助,借助本地相亲活动,她可以快速聚拢本地大量的单身男女会员,为日后持续地为本地婚恋市场服务奠定了很好的基础!

一个人可以走得很快,但一群人才能走得更远。你要懂得跨界合作,找到彼此的共同需求。你要去靠近那些能够与你一起合作、发挥团队力量的人。

找准定位,集中发力

刚开始跟薇安老师学习时,我总感觉自己定位不明确。她和我进行了深入沟通,说我有资源、有优势,为什么不把这些公域的用户转到私域里来,就帮我定位为私域打造专家。我恍然大悟：任何生意的终点其实都是经营用户，以终为始来做。

我的平台之前一直有泛用户基础，赚流量变现的钱。作为本地的新媒体平台，仍然充当本地"连结与服务"的角色，只是连结的方式由原来的靠平台，转变为现在的靠人：打造个人 IP，同时了解用户的精准需求，实现需求对接。

接下来，要把公域流量转到私域来运营，用企业微信承载用户，做标签管理、用户维护，并责任到人、做好利益分配，即一手维护用户，一手管理客户需求；一手抓产品，一手抓营销。

与此同时，边实践，边带领我服务的主体进行升级。

私域用户经营模式在本地 B 端企业复制（私域用户管理体系）

"延庆生活"运营了 6 年时间，一直为本地 B 端企业提供各种服务。原来是在公域帮它们引流、打品牌，未来可以转型，帮它们做全媒体服务，帮它们实现公域引流、私域运营、线下会员锁客等。

新媒体平台升级模式复制（用户、产品、营销）

从 PC 端门户网站，再到移动端微信公众平台、视频号，带领区县媒体从业者实现每一个节点的转型升级，但定位依然是本地连结与服务，只是连结和服务的方式在不同的时代背景下进行了升级而已，帮他们真正成为本地服务商。

创业者媒体平台模式复制（流量、品牌）

从 2004 年至今，我带领了全国各省市三百多位个人创业者进入互联网行业。在新的时代背景下，我相信仍然有机会为这些个人创业者赋能，给他们新的事业机会，于是，我快速制定目标、搭班子、分配任务、制订激励机制、制订私域用户运营流程和策略、完善话术。

短短半个月时间，团队就从公域平台转化了 3000 多人，并在一次直播中变现 2 万多元。

同时，我负责的几个试点、站点也开始做私域用户运营，进行用户收益转化，并借助公域＋私域的运营理念，在一个月内成功签约 3.98 万元的订单。

我在副业的商业模式升级的过程中，结合七喜老师和薇安老师的建议，把自己原来做公域流量的优势继续发挥出来。

找到一个特长，把它发挥到极致

我们每个人身上都有各种各样的特长，但往往没有找准自己的特点，把一个闪光点打爆，而是多个领域一起发展，结果往往因为贪多，最后一个都没有做好。

打造个人品牌，就是打造自己在某个细分领域的影响力。

首先，找到自己的特长，这个特长是自己既喜欢，又有能力做好的。做好不仅仅是完成，而且是能做出比别人更好的结果，有能力把事情做到极致。

当我们找到自己的特长后，结合客户需求，看看如何才能把自己的特长发挥出来，更好地为客户提供服务。提供的服务要做到人无我有、人有我优的程度。

任何一种专长都要放在需求的层面上，才能发挥出最大的作用。比如，我有多年的互联网及自媒体行业的运营经验，但是当我从线下转战线上、打造个人品牌时，就需要结合线上渠道去发挥自己在私域流量的优势，结合客户的情况，站在他们的角度，思考利用他们原有的资源，如何才能把流量进行转化。

只有当我们的专长能够为别人带来价值的时候，才是真正有价值，才有走下去的动力。

从小到大,我都是一个以终为始的人。无论遇到什么困难,我都会一一去努力克服,我不是一个会半途而废的人。

如果你想从实体转型线上,遇到困难却不知道如何解决,比如获客问题、流量问题,或者是线上营销思维卡点等等,欢迎来找我。

我知道,近几年来,受到疫情的影响,大家都很不容易。活在不确定之中,肯定很焦虑、很迷茫。但是,不要太担心,每一件事都会有解决的办法,危机中有转机。只要懂得把握机会,顺势而为,就可以扭转局势,甚至逆风翻盘。

如果我没有遇见薇安老师,没有学习打造个人品牌,我的思维可能还被局限在自己原有的认知中,慢慢摸索,会投入更多的时间成本,庆幸现在的我已经走出来了。

我走出来的秘诀就在于我擅长捕捉机会,有毅力,懂得坚持,不达目的,誓不罢休,另一个更重要的原因就是,我会向外寻求解决问题的方法,会借力去成就自己的梦想。

如果你相信我,我希望能有机会成为你实现梦想的引路人,把我所有的经验都教给你,拉着你的手,带你走出阴霾,走向光明;或者是,我们携手共进,精益求精,从一个辉煌走向另一个辉煌。

我终于明白人相遇的意义:就是要一起往前走,成为闪闪发光、照亮别人前行的人。

很感恩自己当初的选择,也很感恩薇安老师能创办这样一个生态化的体系。**在这里,我们学会用感恩的心对待这个世界,让前行的路充满力量。**

我回想过往的各种经历,停下来看看现在的生活状态:有两个可爱的女儿,爸妈身体依然健康,老公工作稳定且顾家,事业上有奔头,我对未来充满各种期待。

我希望在未来的发展道路能遇到你,我们一起创造和享受更美好的明天!

愿我们一起,在风雨里做个大人,在阳光下笑成孩子。

愿你,想要的美好,都如约而来!

牛牛

低碳水饮食体脂管理师
健康营养个人品牌教练
有幸福感的单亲妈妈

扫码加好友

牛牛 BESTdisc 行为特征分析报告
SIC 型
6级　私人压力　行为风格差异等级

新女性创造社

报告日期：2022年06月26日
测评用时：05分04秒（建议用时：8分钟）

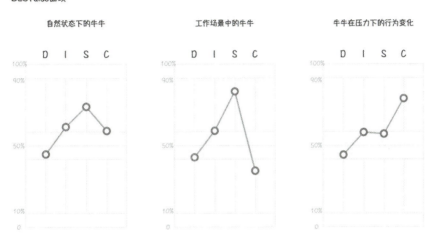

　　牛牛热情、愉快、亲切、有说服力，同时随和、包容、处处顾及他人的需要和感受；天性严谨、细致，会提出独立的想法，然而并不会强加意见给别人；既乐观向上，坦然接受挑战，又不乏内敛、善于深思的一面；她善于聆听别人的想法并做出回应，也愿意帮助和服务别人。

面对变化的最好方式，就是自己跟着去变化

从一个失婚、无收入的落魄妈妈，成为一手事业、一手带俩娃的创业妈妈。

曾经是父母掌上明珠的我，从没想过自己会从高枕无忧的生活中，沦落到患上抑郁症。现在，作为一个单亲二孩妈妈，我可以骄傲地说，我活成了孩子们的榜样，成为可以保护他们、支撑他们的参天大树。

梦想破碎，唯有自救

20世纪80年代，我出生在安徽合肥的一个技术家庭，父母都是双职工，经济条件中等，我度过了无忧无虑的童年时光。

大学毕业以后，我听从父母的安排，工作、恋爱、结婚、生子。2014年，可爱的女儿出生了。因为双方父母都还在上班，我们又没有房贷和车贷的压力，于是我决定全职带娃。2017年，我又怀了二胎。

正当我怀着幸福的心情准备迎接小宝，凑成一个"好"字时，一个打击到来，几乎让我跌落到谷底——大宝被确诊为"孤独症谱系"。这是一种先

天性的疾病,患病的孩子被称为"来自星星的孩子",他们的理解力、沟通力、表达力都会有一些不确定的障碍,需要后天付出非常多的努力,才能尽量缩短和正常孩子的差距。

孩子的爸爸不仅没有安慰我,反而开始责怪我没有好好照顾孩子。那一刻,我几乎要崩溃了,根本不知道该怎么办。二宝还有 4 个月就要出生了,我只能一边照顾女儿,进行康复训练,一边照顾自己的身体。

暗潮汹涌的生活中藏着各种危机。二宝出生前,我的产检指标并不好,被诊断为妊娠高血压,医生要求我提前住院,进行降压、保胎治疗。

我很想好好休息,可是完全吃不好、睡不了,连上厕所都很难。住院的第一天晚上,我的血压就升到了 170/110 mmHg,头晕,说不了话。医生给我做了紧急治疗,还用机器泵着降压药和硫酸镁,防止在血压没有下来之前,二宝提前出生。

终于,血压稳定了,医生说可以用催产素,我告诉自己:别害怕,也许这就是老天想告诉我生孩子不易。费了很大力气,二宝终于出来了,但胎盘无法分娩,于是,只能手剥胎盘。

两个助产医生抓住我的腿,两个护士按住我的胳膊,一个医生来操作。原来生娃真的不是最痛的,手剥胎盘才是。我又一次从鬼门关走了一圈回来。

生完孩子,在我最虚弱的时候,孩子的爸爸打来电话,一句关心的话都没有,反而和我吵架。在坐月子时,我一个人坐在病床上,心如死灰。

在医院保胎的那么多天里,他只是送我进了产房,其他时间全不在,还不断指责我和家人的各种不是。二宝出生后 3 个月,孩子的爸爸又利用考研的借口,趁我带着二宝散步的机会,带上房产证和家里值钱的首饰,头也不回地走了,并且提出了离婚,甚至联合他的父母,在家里闹得不可开交。

连续的剜心事件,让我患上了抑郁症。无数个夜晚,我抱着二宝坐在窗边,看着外面的马路,根本无法入睡。我该怎么办?我已经全职带孩子 6 年了,如果要出去工作,还能适应社会吗?能做什么呢?女儿的特殊康复训练怎么办?儿子还这么小,我要怎么做才能有收入,并能照顾他们呢?

排山倒海的烦恼,压得我根本喘不过气来,但我知道不能倒下,孩子们选择了我这个妈妈,我一定要自己争口气。

于是,我开始了长达两年半的离婚拉锯战,一审、二审,最终获得了两个孩子的抚养权。不过,因为之前不懂法律,父母全款给我买的房子,写有孩子的爸爸的名字,导致我还要给他一笔不小的财产分割款。

从此,我变成了一个离婚后带着两个孩子的落魄妈妈。好想找个地方去疗伤,可是我不能。我必须要有稳定的收入,才能照顾好孩子和还债。

走出封闭世界,去学习成长

成为全职妈妈之前,我是一名电气专业设计师。6年了,再回去做设计,已经非常不现实了,更何况我还有两个孩子要照顾,我只能选择创业。

偶然的机会,我了解到收纳整理这门课。本来是想着好好整理一下家里,在线上跟着学习以后,我发现整理的过程很治愈。在2019年的时候,收纳整理的普及度还不高,凭借着对这个行业的敏感度,我借款去向国内最好的收纳整理老师系统地学习了相关课程。

幸运的是,在学习的过程中,我就已经接到了预定整理单,迅速赚回了几万块的学费。这让我对未来大有信心。

就在我制订了后期的发展计划时,2020年初,疫情暴发,一切都静止了。从2月到4月,原本沟通好的客户都无法为他们服务。憋在家里的日子,我急着考虑要做些什么。

正当我一筹莫展时,我遇见了薇安老师。看到她的公众号,我觉得她不管家庭还是事业都非常圆满,也很会与人打交道,而我因为长期的技术工作,又做了几年家庭主妇,沟通能力很欠缺。要走出去、要创业、要拓展业务,都需要提高沟通能力。

于是,我就报名了当时的演讲单课。本来只是想吸取养分和力量,没想到开启了一条不断蜕变之路。

在学习期间,我每天认真听课。白天的时间不够用,就趁着孩子们晚上睡着了再听。听两遍、三遍,记笔记,一遍一遍录视频作业。这些视频,后来还被评为优秀作业模板。

以前,我对销售是抗拒的,觉得要特别能说才可以做,我没有这样的天赋。结果,跟着薇安老师学习后,我在群里居然卖出了 10 单线上咨询。很多小伙伴都反馈说,我的经历太励志了,一定要跟我学。要知道,那个时候,我的朋友圈里只有 150 人。

我边学习,边照顾孩子,还开线上咨询攒学费。薇安老师说,我们每个人,都是一个品牌。外在的东西可以换,而人,是无法轻易换掉的。

我渐渐走出了离婚的阴影,并且在 2021 年开始打造个人品牌。我的坚强,以及不断折腾自己的韧劲,激励了很多伙伴,也吸引了很多伙伴来支持我。之后,我又接手了低碳饮食体脂管理项目,还与两家咖啡店合伙。

从学习前要靠父母贴补,到慢慢稳定,再到实现五位数的固定收入。虽然每个月还有要还的钱,但是我的内心已经非常强大了。

去年,我给儿子安排了当地最好的国际学校,也给女儿增加了很多艺术方面的游学和课程,继续寻找她的特长,扬长避短。今年,我计划带着两个孩子一起去游学、演出加旅游。我在努力生活的同时,还在逐渐摆脱地域和时间的限制,做到旅游、带娃和工作不耽误。

我真的庆幸当时选择向薇安老师学习,她就像是一个灯塔,指引着我前进。虽然我这点突破和收入,在很多人眼里不算什么,但是和 2018 年前那个傻白甜、什么都围着老公和孩子转的我相比,真的是换了一个人。

作为女人,我的前半生被父母保护得很好;作为妻子,我也没有很好的识人术,导致在前夫那里栽了一个大跟头。那段日子,是薇安老师一次又一次地鼓励我,从在社群里给我加餐,到亲自给我打了好几通长电话,一点一滴地解决我当时的烦恼,帮助我制订下一步的行动计划。

薇安老师说:"你好了,世界就好了。你变了,世界就变了。"我就在这一点一滴的鼓励中,走出了原本的封闭世界,去学习成长。

想要拥有自由人生，必须打造个人品牌

这个时代，无论有没有结婚，女性走的路都不容易。如果回职场工作，别人会指责你是一个不称职的母亲；如果当全职妈妈，在家带娃，又有更多人会说，没有收入就没有价值。

经历过失败的婚姻，我想和更多想要获得自由人生的女性来分享一些感悟。

无论做什么，都要先把自己当成品牌去经营

当我第一次听到这个说法的时候，我是不理解的。完全不懂什么是个人品牌，也不了解个人品牌对我有什么用。不理解，就尝试跟着课程一点点地啃。

说实话，第一次上课的时候，我基本上是云里雾里的，因为已经全职在家6年了，完全脱离了社会，但我不愿意放弃，不断地复听、复学，一个月一个月地改变。通过这两年多的学习，听薇安老师的课程，我觉得个人品牌里的机会太多了。

要学会人格化销售，企业可以做品牌，人也一样。

我主动去塑造自己的形象，告诉别人，我就是那个一手带娃、一手创业的单亲妈妈。即使生活不容易，也可以让自己活得有价值、更精彩。因为我想成为一个有幸福感的妈妈、一个有自由职业的妈妈，我可以成就自己，更可以成为我孩子们的榜样和骄傲。

最初，我的方向是收纳整理，因为这是任何一位妈妈会遇到的问题。家里添了一个小宝宝，有可能老人还要来帮忙，东西越来越多，空间越来越被

压缩,乱就是常态,我可以教她们去解决这个问题,或者上门服务。

可是,因为疫情的原因,再加收纳整理常常需要上门进行服务,没办法同时照顾孩子;即使可以线上指导,但效果没有那么好。这就是一个"理想很丰满、现实很骨感"的真实写照。

所幸的是,我是一个乐于折腾的人。何况,我的背后还有薇安老师以及整个团队的支持与鼓励。

在一边带娃、一边做收纳整理的过程中,我开始减肥。生完二宝后,我的体重一直维持着160斤,容易出现疲累、喘不过气的情况,加上生产前有妊娠高血压,我想:我的孩子们都还小,我必须要有健康的身体,才能给他们保障。于是,我开启了减肥之路。

花了9个月的时间,我用饮食的方法,从160斤减到了120斤,不运动,不节食,每天吃得很丰富,却能瘦下来,邻居们看见我的变化,都在问我是怎么做到的。我非常开心,可是,我有自己的经验,但理论不足,也不敢轻易去开启这个事业。

于是,我又向薇安老师请教。薇安老师告诉我,当自己的能力不够的时候,就去弥补,可以通过课程学习,也可以借助平台。

我一边自我学习,一边寻找专业的减脂团队。在不断审查和探讨之下,我借助了一个比较知名的平台来为我开启减脂和大健康事业。现在,我已经帮助了众多伙伴减脂成功,同时还有源源不断的人介绍客户,我的事业开始稳定起来。

别人听到我的故事,都被我吸引了,再加上专业知识和自己的亲身经历,大大提高了成交率。

每个人都是独立的个体,有自己鲜明的特点。再普通的人,也总有会发光的那一面,只要我们把自己展示出去了,就会具有吸引力。

成为个人品牌教练,帮助更多的女性成就自己。看,这样的奋斗历程,多么励志。我为什么还要埋头不展示呢?

别人会因为我们的个性、人设等等,来购买我们的产品、我们推荐的东西,或者跟着我们一起来学习等等。这就是同频相吸,就是个人品牌的力量。

掌握一份自己的技能

我经常听到很多女性朋友说，自己没有优点，没有特长，怎么去开拓自己的事业呢？那就去掌握一项技能。当然，**这项技能不是一成不变的，做到熟练之后，一定要迭代和更新。**

比如我，之前做设计工程师，但是建筑方向的设计能力只能在专业设计院里面派上用场，一旦脱离以后，就很难再回去了；后来，又做了收纳师，是IAPO（国际整理师协会）的理事，也是因为时间的原因，无法上门服务，就转为接单和咨询；现在因为瘦身成功，扎根在健康饮食领域，拿到了低碳饮食体脂管理师的专业证书，终于可以随时随地工作，不受空间和时间的制约。

还记得高考前，爸爸带我到外面吃饭，很认真地告诉我："无论什么时候，都要有一技之长。这样，就不容易被社会淘汰。"

这个社会，任何情况都有可能发生。2020年暴发的新冠肺炎，到今天已经快三年了，影响了无数的产业。当危机突然来临的时候，我们想要从容面对，就必须有安身立命之本。即使这样的危机不会出现，也要给自己可以随时出击的底气。

转变商业思维，有好的老师带领

我之前选择的创业方向是收纳整理，但因为带着两个孩子，我的父母还有老人要照顾，不能一直帮忙，加上需要有稳定的收入，所以，我变现的需求特别急迫。

经过薇安老师多次一对一指导，我的定位现在调整为健康减脂顾问是第一位的，兼顾收纳整理咨询，此外，我的收入还包括线上跨境电商的管道收入，以及两家咖啡店的利润。我还以个人经历为基础、理论知识做辅助，成为个人品牌教练，赋能更多来学习的伙伴。通过多个渠道来赚钱，分散了风险，也让收入有了更多的可能性。

在薇安成长营,我实现了从 0 到 1 的突破,从一个失婚、无收入、带着两个孩子的落魄妈妈,成为一手事业、一手带俩娃的创业妈妈,打造了坚韧的形象。这是三年前的我根本不可能想象的。

薇安老师让我们每个来学习的小伙伴,都能找到自己的能量,闪闪发亮,变得更好,赋能他人,成为更有价值的自己。

现在,我可以在每个人的身上都找到闪光点,以及可能变现的路径或者可能性,协助或者指导他们找到自己的优势所在。

我辅导过的一名学员,和我一样,也是做大健康事业的。她远在国外,因为疫情,无法回国。我陪她打造线上体系,建立自己的社群,分享她在国外正在学习的营养学知识,带动一群热爱健康的伙伴,在自己的专业范围内发光发热。

还有一名学员是芳香疗愈师,在疗愈鼻炎方面特别擅长,我就陪她努力做直播、社群、朋友圈知识分享等。现在,她也在自己的专业范围内有了一番成就。

我们都希望,这个世界上,有一个人可以鼓励我们、支持我们、启发我们,能让我们专注,能让我们快乐,并且无条件地爱我们。

亲爱的妈妈们,这个人,其实就是我们自己。无论你什么时候,都不要忘记爱自己。无论你是什么样的身份,你首先一定是你自己。

作为一个单亲二孩妈妈,我真的很希望能用自己微薄的力量去帮助更多的女性走出困惑、有自己的事业,就像薇安老师一样,用生命影响生命。

世界的变化,往往就在一瞬之间。面对变化的最好方式,就是自己跟着去变化。面对新领域,学习看似很慢,却是最快的一个方式。不能什么都追求快钱,更何况,如果那么容易就能追求到,那可能大家都财务自由了。

如果你也是在婚姻中有困惑的宝妈,或者想能一手带娃、一手有自己的小事业,却又不知道怎么开始的话,欢迎你来找我。我会尽我的能力,来陪伴你,见证更好的自己。

周静

声音能量教练
个人品牌咨询顾问
新女性创造社合伙人

扫码加好友

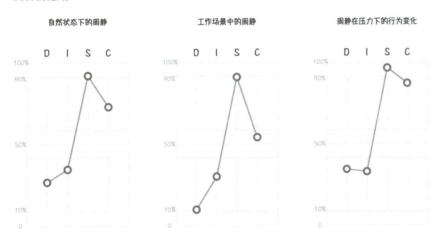

在处理所有事务时，周静给人的印象都是沉静含蓄、深思熟虑、细致周到和耐心宽容的，是个非常好的聆听者；她会用认真、务实的态度来处理工作，一旦做出了承诺，就会坚持不懈、排除万难地完成它；善于运用逻辑分析去了解问题和做决定，同时律己甚严；喜欢直接、清晰、明确、具体的沟通风格，处处希望顾及他人的需求和感受。

用声音点燃生活,做一个心里有光的人

从车间流水线工人到500强金融集团的管理人员,进入高维圈层后,一个月顶一年地加速成长。

我的名字寄托了父母对我的爱与期盼。"智周万物""宁静致远"——父母希望我能勤奋探索,不断拓展知识领域;只有静心平稳、专心致志,才能厚积薄发、有所作为。

你是否曾经缺乏自信,不善表达,错失机会?

你是否离开父母,在异乡漂泊,想实现梦想?

你是否经历过困难与挫折,不知如何破局?

曾经的我也面临过这些问题,后来,我都在声音的世界里找到了答案。

种下声音的种子

我出生在浙江省天台县。父母在江西省上饶市工作。父亲是一家国有大型企业的管理人员,母亲是老师。我和弟弟在天台度过了美好的童年。

记得有一次,我从学校经过时,听到教室里传出一位女老师的朗读声。时而绵言细语,时而铿锵有力,时而像被润物细无声的春雨滋润,时而如滚滚的波涛涌来,让人心潮澎湃。我一下子被她的声音迷住了。"真的太好听了!"我第一次感受到声音的力量,通过声音,传递出震撼心灵的力量!这在我懵懂的心中,种下了一颗与声音、教育结缘的种子。

小学一年级,我被父母接回到上饶。因长时间没与父母在一起,似乎有些距离感,我的性格变得内向了。父母为了增加彼此的交流,帮助我克服胆怯、提升自信,经常带着我,爬上屋后不远的山头,陪着我练习朗读、演讲,对着山谷放声抒情或唱歌,让我提升声音的能量。后来,我在学校的朗读演讲比赛中多次获奖。

我大学选择的是英语专业。其间,我有机会到学校广播站,与同学一起学习音乐鉴赏点评类播音,也参加朗读演讲比赛。

我喜欢看经典的译制片,欣赏乔榛、丁建华、毕克等资深配音老师的精彩演绎,也喜欢看敬一丹等主持人的新闻访谈,陶醉在他们特别的声音中。我也开始模仿学习,在双语朗读和配音中,感受不同的人生场景。

我的童年与学生时代就是这样在各种美妙的声音中度过的……

大学毕业后,我随父母到绍兴,入职了一家知名的黄酒企业,正式开启了人生新篇章!

职场高升,却忘不了关于声音的梦想

刚进入这家黄酒企业,我的工作就是在车间机械式地贴商标。伴着酒瓶在流水线上咚咚的声音,还听到工人们嘲笑我这个大学生和他们干同样的活,我感到伤心、失落。

后来,我被安排到办公室,工作相对轻松起来,我的内心始终有个声音在呼唤,我很想去看看外面的世界。

1999年,我辞掉工作,只身一人坐上了开往北京的列车,成为一名"北漂",带着一颗不甘平凡的心去追求自己想要的生活。

初到首都北京,为了节省开支,我在中国人民大学附近的小区里租了个地下室。下班后,拖着疲惫的身体回到阴暗的格间里,蜷缩着身体,夏天总是被蚊子叮得睡不着觉。在那段阴暗、潮湿的日子里,幸好有收音机心灵电台的主播用声音来陪伴着我。那温柔而带磁性的声音像一股暖流进入我的体内,在那些抬头看不到光的日子里,给我带来了光明与希望。我再一次体会到了声音的力量。

为了能在这个城市生存下来,我不断学习深造,在北京外国语大学高级翻译学院提升翻译水平。同时,寻找各种工作机会来锻炼,我做过英语培训、英语翻译,还在街头发过名片,挨家挨户派传单……

存了一点钱后,我学习投资,尝试创业。不料我投资失败,损失了6位数。

那段时间,我心情很低落,夜晚走在北京的街头,望着闪烁的霓虹灯和川流不息的车流,整个人就像泡在冷水中一样,浑身发冷。无情的生活再一次把我打入到谷底,我无数次想过放弃,回家过日子算了,但是心里总有不甘……

2007年8月,我经过层层面试,进入了一个500强金融集团。怀着对未来既忐忑又憧憬的心情,我来到了深圳。这是一座充满活力的城市,我成为一名外籍领导的翻译助理,我的人生翻开了崭新的一页。

后来,由于办公地点搬迁,2008年3月,我转战上海。我沉下心来,认真学习业务知识,提高翻译水平,每天努力工作,终于从翻译助理晋升为翻译团队的统筹负责人之一。因为工作表现出色,得到外籍CEO的认可,被评为"年度之星""优秀员工"等,并且成功落户上海。

透过办公室的落地玻璃窗,看到近在咫尺的东方明珠塔,各色霓虹灯闪烁,夜景很美。回想起这些年的努力拼搏,我感觉自己终于落地生根并要逐渐发芽,期待绽放。

人生上半场,我在外漂泊,与父母聚少离多,一直努力想要活成父母希望的样子,成为他们的骄傲。我想多赚钱,以后多陪伴他们,但是没料到面临"子欲养而亲不待"的境地,2012年11月,父亲病重,我又因意外致使右脚踝骨折,无法去照顾父亲,深感自责。父亲最后嘱咐我不要活得太辛苦,早点成家,勇敢去追寻心中的梦想。

回忆起这一幕,禁不住潸然泪下。父亲是我声音的启蒙老师,和他在一起的很多欢乐的日子珍藏在我的回忆里。带着父亲的寄语,我继续前行在追梦路上。

2015年,我申请转岗做公司后线的管理工作,希望学习更多业务知识和管理技能,拓展自己的职业生涯广度和深度。新岗位要对接全国10余家机构的督导管理,相当于重新开始。我一如既往地努力,克服了各种困难,耐心对接,用心沟通,成功推动项目落地,获得了领导的称赞。

2018年8月,公司成立新的事业部,我被调往新的部门。随着新的督导管理工作内容的增多,压力加大,加班更频繁,我开始身心俱疲,精力也大不如从前,比不过年轻人。

看数据报表看得焦头烂额,项目推进受阻,心情低落。我经常在夜里辗转难眠,肩膀肿痛,有多少次在被窝里偷偷掉眼泪。职场发展进入瓶颈期,未来之路该如何走?同时,我心里隐约有一个声音响起,我一直有一个关于声音的梦想……

声音,让我找回了力量

我不知道该如何去改变,只知道不能停下来,于是开始疯狂地学习,报了心灵疗愈、生涯规划、形象设计等线上、线下的课程。好像只有学习才能填补内心的空洞,却没能找到自己真正想要的东西,感觉一切的努力只是在自我安慰、自欺欺人。

2020年,疫情暴发,大家被封闭在家,工作与生活被打乱了,我的心更加焦虑了。

2021年底,我无意中看到"薇安说"公众号。打动我的,除了薇安老师的光环,还有从她的文字及视频中感受到的率真、自信、智慧、高思维、极致利他的大爱格局,于是我决定要靠近这样的人,跟她学习打造个人品牌。

学习期间,我的个人品牌教练问我喜欢做什么、热爱什么、有什么人生追求等,我当时脑海里的第一反应是:我热爱声音!我希望能像主播那样,用声音去传递温暖。

在以前的培训工作中,我积累了很多语言表达方面的知识,而且我经常听一些情感类的电台节目,有一定的基础;在工作、生活中,很多人被我的声音吸引了。找到自己的初心后,我在老师与教练的指导下,定位为声音能量教练。

为了能够帮助到更多人,我一边跟曾做过陕西省广播电视台主持人、现在是动听星球平台创始人的鲍晶晶老师系统地学习发声的知识,一边学习线上打造个人品牌的知识、专业体系和商业体系。

日子又开始变得充实起来了,心里是一种踏实的感觉,因为这次我找到了自己真正热爱的事情,不再像一只无头苍蝇,没有目的地去学习。

学习的过程不容易。为了紧跟线上的课程节奏,只能利用下班后的业余时间,我不敢落下一节课,每次都认真完成作业;遇到不懂的地方,大胆请教老师、教练、学姐及同学,在群里积极互动;晚上学习到深夜12点,也不知疲倦。每天6点多,我就起床,练习发声、朗读,平时说话每时每刻都在有意地练习……

我老公说:"你这么拼,比人家备战高考还要勤奋呢!你在声音方面确实有潜质,我支持你!还记得之前异地恋时,我在北京每天和你通话,就是被你的声音所深深吸引的。"

我永远都忘不了小时候听到的从教室里传出来的朗读声,忘不了我在北京地下室最艰难的日子里听到的电台主播温柔的声音,忘不了父亲带着我在屋后不远的山头上练习朗读和演讲……

声音能给人如此大的力量,我也希望自己的声音能给更多人带去温暖,帮助更多人,所以,在学习中遇到的一切困难,我都要克服,必须要坚持下去!

在晶晶老师的指导下,我勇敢地迈出了第一步,开通了自己的视频号"周静的能量花园""周静说",发布能量视频打卡,启动直播,分享自己对工作、生活的感悟。

很多朋友看了我的视频号后,主动关注和点赞。他们听了我的文章朗读后,给予很大的肯定,主动跟我说:"周静,你的声音柔和、温暖,又不失力量。有时,在感性中带着些许惬意。""你的朗读中浸透着对人生经历的独特感悟,带着智慧与豁达。"

我也曾经历过人生的痛苦,是什么拯救了我,我就用什么去拯救别人。我想把声音变成一束光,可以照亮更多人前行的路,点亮他们的生活,激活他们的热情。

通过沟通与交流,我用声音传递爱和能量,让公益支教山区中的孩子聆听到外面世界的精彩,点燃他们内心深处的智慧火花;让全职宝妈找回生活乐趣,带着孩子一起爱上朗读和演讲;让职场"小白"得到启发,在工作中获得领导的肯定;让身患癌症的朋友重拾信心,走出阴霾;让恋爱受挫的朋友恢复元气,重新振作;让生意遇阻的朋友打开新的思路,重新寻到出路;让路边争吵、拿刀追赶的两个商贩被我带有侠骨柔情的劝说感化,最终握手言和……

是的,声音的力量真的无法估量!

人生就是一场修行

一路走来,我曾历经"京漂""深漂""沪漂",也曾面临过工作、生活的压力,还被打上"剩女"的标签,但凭着不服输、不放弃的精神以及坚持学习的热情,从最初的车间流水线工人到培训老师、高级英语翻译,再到500强金融集团的管理人员,最后立志成为一名声音能量教练,结合个人品牌,成人达己。

在寻找自己热爱的事业上,我走过弯路,挣扎过,痛苦过,但最终我还是收获了自己想要的人生。我总结了以下几点经验,想与你分享。

勇敢走出舒适圈,接纳自己,找到热爱的事业,持续学习,活出精彩人生

夜深人静时,回顾我的人生经历,如果当初的我,留在父母身边,也许现在过着安逸的日子,陪伴着孩子成长。但是,人生没有如果,而且我相信没有白走的路,我感谢自己曾经经历过的困难、迷茫,让我明白那是开启命运之门的金钥匙。虽然经历过黑暗和低谷,怀疑、否定过自己,那种至暗时刻的痛楚仍历历在目,但是我走过的路、读过的书、见过的人和我所经历的一切,成就了当下最好的我,我终于找到了自己热爱的事业,无惧年龄的增长,相信未来可期。

如果你想人生有更多的可能,那么勇敢地走出舒适圈,勇敢去追梦,努力过,就不会让人生留有遗憾。

在追梦的过程中,也许各种让你心烦意乱的问题会接踵而来,让你陷入自我内耗中。当你疲惫、彷徨时,不妨停下脚步,做些思考,调整定位,要有重新开始的勇气。要接纳自己的一切,包括不完美,卸下所有的负担,不让自己带着过去的包袱上路。要善于发现自己的天赋、优点,相信自己值得拥有更好的,值得被爱。觉察真实的自己,让自己内心更加富足、美好。

所有的恐惧都来自自己的内心,所有的困难其实并非像想象中的那么难。人生就是一场修行,在经历中成长,在困境中坚强。没有绝望的处境,只有强大的心境。你若不弃,上天自有惊喜相赠。当你向着真正热爱的方向不断前进,就会充满动力,有"山重水复疑无路,柳暗花明又一村"的豁然

开朗。只有持续在正确的道路上坚持学习,主动把握机会,才能得到想要的结果,向下生根,向上开花。

打造专属的声音名片,重塑个人影响力,用声音疗愈心灵

在日常交往中,人们通常很注重外表,比如好身材、精致的妆容、漂亮的发型,希望用颜值吸引他人的注意力,留下好印象,但是,开口说话时,如果吐字不清楚、声音刺耳、带有方言口音等,会让你的形象大打折扣。好声音和好颜值一样,能让你在职场沟通中提升魅力值,尤其是在电话或音频沟通中,只闻其声,不见其人的场景下,好声音更为重要。

判断声音高下的标准可以从两个方面看:第一是吐字规范,即普通话标准;第二是用声科学,即让声音舒畅、通透。

一个人的声音是先天条件和长期发声习惯共同作用的结果,有自己的个人特点。我们不要去刻意模仿别人,而是通过科学、正规的训练,让你达到自身音质的最佳状态,提升声音层面的形象,找到真正属于自己的声音。

鲍晶晶老师对我做了声音测评,肯定了我的声音条件,并提出改善建议,制订学习规划。在专业、系统的学习过程中,我加强了普通话的练习,每天做口部操,让舌头转动得更灵活,吐字更清晰。

养成胸腹联合式呼吸的习惯,想象自己闻到了浓郁的花香,缓慢吸气;两肩和胸部放松,小腹微收,使气息下沉;两手插在腰侧,以小腹用力、两肋张开来辅助呼气。练习一段时间后,我用嗓时间长也不会觉得太疲劳,家人、同事、朋友都说我的声音更加清亮、通透了。

除了发声的方法外,在语言表达中,还要将情感和信念传递给听众,才能引起别人的共鸣,所以有感染力的声音就是必不可少的。

把心敞开,沉浸于每个发声的当下,情感会更丰沛,放松呼吸,感受自己身心合一的状态,这样的朗读发声会更通透,声音有更大的包容度和影响力。

人生苦乐无常,全在一念之间,有时候,我们的内心会有很强的匮乏感,

有心无力,陷入当下的困局中,无法走出来。一念天堂,一念地狱。当你向外求无法解决问题时,那么可以向内求,释放正向、积极的念头,去想象美好的画面,放声朗读美文,爱上自己的声音,打开心扉,疗愈自己的心灵。微笑是人生最美的修行,发挥自己内心的力量,风雨再大,也能开好自己的花。

我曾经憧憬广播电视台的播音工作,现在通过互联网,我这样的普通人也能实现以前触不可及的梦想。我借助视频号等平台,打造出自己专属的声音名片,分享普通人如何学习声音优化的方法,已帮助100多个素人去提升与优化声音,让他们在工作、生活中收获更多自信,同时传播了更多的正能量。

跟对人,进入高维圈层,抱团成长,打造自己的个人品牌

庄子曾说:"吾生也有涯,而知也无涯。"人生如逆水行舟,不进则退。这些年,我在职场发展的同时,在业余时间坚持学习,遇到了不少老师,结交了一些积极上进的学习伙伴,但是内心总觉得还是缺少了一些什么。直到遇到薇安老师,进而结识鲍晶晶老师,加入新女性创造社和动听星球双平台,我真正感觉心有归属,带来内心觉醒,能量和热情被不断激发,明白自己今后前行的方向,同时对个人品牌和商业思维有了更多新的认识。

记得薇安老师给我赋能时,听完我讲述人生经历后,她建议我不要活在长辈的期望中,抛开别人对我的不合理评价,往后余生去勇敢地追求梦想,按自己的意愿洒脱地生活。她帮我梳理并打破卡点,让我认真思考我的人生价值观和想做声音能量教练的初心,闭上眼睛想象今后人生的场景。一个多小时的交流让我茅塞顿开,心生感动。

在跟随学习的过程中,我被薇安老师的极致利他的格局和魅力所吸引,她说:"因为淋过雨,更想为人撑把伞;因为怕过黑,更想为人点盏灯。是什么让我们如此勇敢,如此坚守?是我们内心的良知和使命,是我们想照亮更多人的初心。"

在她的课程中,我了解到每个微小的个体都可以被看到,都能打造自己

的个人品牌。个人品牌的本质是对别人有价值,实现价值变现。因为自己的专长、特色和个性在大众圈层中被人认可和喜欢,产生一定的影响力和知名度。不是活在公司、父母、产品的光环下,而是发挥自身价值、人的聚合价值。定位＋专业化产品＋价值输出＋个人魅力＋营销＋影响力＝超级产品。

  低能的圈子人踩人,高能的圈子人帮人。一个人走得很慢,一群人走得很远。薇安老师今年将公司从知识型平台升级成为服务型平台,用心地培育学员,学员可以参与平台共创,找到人生更多的可能性。在这个平台上,我见证了榜样的力量、抱团成长的力量。在社群中,每天都是正向的内卷,报喜不断,分享成长,互相肯定和激励。

  薇安老师说,她希望托举普通人,通过打造个人品牌,让个人价值最大化。在薇安老师榜样的带动下,大家都自发地、不计报酬地加入统筹运营中,助力其他人。大家在直播 PK 赛中不断进步,挑战了一次次不可能,获得了一个个耀眼的成绩。

  在这样的高能圈子中浸泡,我也在倒逼自己不断提升,一个月顶一年地加速成长,经历了人生很多的第一次:第一次在外部学习中获得"优秀学员"称号;第一次作为学姐,参与训练营的带教支持;第一次克服恐播,在直播中,用声音的能量收获很多人的肯定和喜欢;第一次参与写书,用真感情去表达与呈现……

  同时,我将个人品牌的思维用于主业工作,发挥自己在声音沟通、文字表达等方面的优势,提升了整个人的能量,展示了自己的核心优势和个人价值,顺畅地推进工作。现在的我,心态从容,焦虑感减少,成了领导和同事心中的"心灵疗愈站"。只要勇敢地往前走,跨过拐点后,就是上坡路,继续向前,就能到达人生顶峰,看美丽的风景。

  思维一变,市场一片。我的变化,引起了朋友们的好奇,源于对声音的爱好和对成长的渴望,她们也加入进来,和我一起学习、成长。我很开心能激励身边的人,唤醒他人,以我的专业和正念初心,让更多人受益。

  人生本就是一场减法,来日并不方长,珍惜每一天,珍惜重要的人和事。

人生最重要的不是能赚多少钱,而是别人因为你的存在而变得更好。浮华是给别人看的,聚焦你自己,找到真正需要你的人。我希望用自己的声音能量去感染更多的人,让他们找到内心的喜悦。

《一切都是最好的安排》中有这么一段话:"其实,阳光不只是来自太阳,也来自我们的心。只要我们心里有光,就会感应到世界的光彩;只要我们心里有光,就能与有缘有情的人相互照亮;只要我们心里有光,即便在最寒冷、阴霾的日子里,也能感受到温暖!"

现在,我找到了人生方向,用声音传递能量,实现声音轻创业与个人品牌教育相结合,用我的人生经历、所学的知识去赋能、影响更多人。拥有人生的 Plan B,你会拥有更多底气,体验人生更多的可能性。在互联网的浪潮下,个人品牌轻创业是未来的趋势,你可以过上随时随地办公、陪伴家人边旅行边赚钱的理想生活。

每个人都要找到自己的闪光点和价值。回顾自己的成长历程,我一直在学习、迭代,通过声音给人传递力量、信念。

我会以正心正念继续修行,相信命运掌握在自己手中。无论年龄如何增长,我依然葆有一颗纯真的心。希望未来我能在别人的至暗时刻,送出我的一点光,照亮别人的前行之路。希望我的故事能给你一些启发,期待遇到同频的你。欢迎你来找我,一起成为更好的自己,让人生变得更加精彩。

小叶子

健康美食IP孵化导师
思源手工美食创始人
新女性创造社授牌教练

扫码加好友

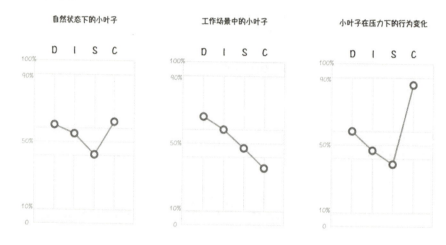

小叶子自信，有活力，逻辑清晰，注重最后的结果，有影响力；热情、愉快和亲切、有说服力；她绝不拖泥带水，会驱动自己迅速地做决定以达成结果，但也愿意倾听别人的想法并做出调整；重视别人的感受，但也注重事实和经验；会确保掌握足够事实、清楚所有细节后再做决定。

用微弱的光去照亮世间的美好

90后倔强少女花6位数学费去学习,遇见同频人,开启创业之路。

我是一名普通的90后,不普通的地方是:当别人都在躺平时,我却愿意花6位数学费去学习、提升自我;当别人都在绞尽脑汁挣钱时,我却为了心中的正义,放弃了高薪厚职。

无论这个世界变成什么样,我始终坚守自己的底线与理想。即使世界仍存在黑暗,我也要用自己微弱的光去照亮世间的美好。

损人不利己的生意我们不能做

1994年,我出生在广东省广州市花都区的一个普通家庭。父母虽然学历不高,但他们一直教育我:要努力学习,以后才能做个有用的人。

爸爸是开食品冰鲜店的。记得有一次,我到店里玩,看到爸爸把几只墨鱼扔到垃圾桶里。墨鱼明明看上去还挺好的,为什么要扔掉呢?

"因为食物已经坏掉了,不能卖给客人。你要记住,损人不利己的生意我们不能做!"爸爸就是这样的一个老实人,虽然没有赚什么大钱,但赚的每一分钱都对得起天地良心。"损人不利己的生意我们不能做!"这句话刻在了我的心里。

我读小学时,爷爷因糖尿病住进了医院,家里人轮流到医院照顾他。我看到躺在床上的爷爷,脚肿得像猪蹄,涨得通红,皮肤很薄,好像轻轻一戳就会破,看着让人很心痛。

健康实在太重要了!

我上初中时,看到电视里播放关于毒奶粉、瘦肉精、苏丹红等新闻时,"啪!"我拍着桌子,气得简直要跳起来!这些人真的太过分了!为什么会有人为了暴利而做出损害别人健康的事情来呢?

想起爸爸把坏掉的墨鱼扔掉,教育我不能做损人不利己的生意的情景;想起爷爷生病住进医院,全家人没日没夜地照顾他的情景……这些不法商家,竟然为了钱而做出这种事来!我真的看不惯这样的行为,简直被气炸了!

后来,我在化学课上,听老师讲了一种化学物质叫氢氧化钠。这种物质对人体的危害很大,具有强烈的刺激性和腐蚀性,误食可造成消化道灼伤。

老师顺便提了一下,有些商家为了延长食物的保质期,会用氢氧化钠浸泡食品。我的心里咯噔了一下。这种化学物质竟然用来浸泡、漂白食物?吃下去那不就……我联想起毒奶粉、瘦肉精这些新闻。近年来,很多人患胃癌、肠癌,应该跟食物安全有关系。从此,我不会随便吃外面的食物,尤其不会吃那些垃圾食品,也不喝冷饮,他们都叫我"懂养生的美少女"。买东西时,我总是喜欢研究包装袋上的成分表,尽量买添加剂少的。如果可以,甚至会选择亲自动手做。

以为遇到伯乐,却不得已转行

2014年,我参加了高考,迎来了人生的第一个转折点。一直很关注健康养生的我,选择了食品药品学院,读的是药品质量检测技术专业。

上大学后,我就像一条从池塘游进大海里的鱼,可以自由地在自己感兴趣的知识海洋里遨游,尽情地吸取养分。

2017年,大学毕业后,经家人介绍,我进入了一家食品加工厂,听说老板有意把我往工厂负责人的方向培养。

当时,我觉得自己很幸运,读到喜欢的专业,现在又找到对口的工作。我还在想,要是真的当了食品加工厂负责人,我一定要严抓安全卫生关卡,于是,我带着一腔热血去报到。

本来以为这是一个遇到伯乐的美好故事,没想到是一个被坑得很惨的故事……

这家食品加工厂在外人看来,是个实力雄厚的老品牌,但第一天上班,我就被吓傻了眼:卫生环境太差了,食物就直接放在地上,工人在工作时,甚至没有戴手套和头套……我感觉自己呼吸困难,心从峰顶掉落到谷底,理想的火焰被一盆冷水直接泼灭了。那晚,我失眠了……

在那里,苦苦撑了3个月后,我辞职了。万万没想到,大学毕业后的第一份工作会以这样的方式画上句号,但这也给我上了人生重要的一课。

"我想到外面去看看。"我跟父母说。

从小,他们就给我很大的自由度,因为他们相信我的选择,也支持我的选择。因为有了第一次的工作经历,再选择工作,就更加谨慎了,最后,我选择了一家可以出差的化妆品公司,在里面当培训讲师。

投简历前,我详细了解了这家公司,连它们的产品功能和安全性我也研究了。入职后,参加培训,学习化妆品成分时,我总是以食品、药品的标准来看。

但我遇到了一个难题——我不懂销售!

为了留下来,我必须克服这个卡点,于是,我把销售话术背下来。但是,我跟客户推销时,没有按话术来,而是从一个读食品药品专业的人的角度来为客户讲解化妆品的成分与作用,并且站在对方的角度,为他们选择适合的产品。很多客户听完之后,都会下单。

比起销售话术,我更喜欢用专业与真诚打动别人。虽然这份工作经常要出差，但我做得还挺开心的，因为收获了不少成长。

我以为可以在这个行业走下去，没想到来了一个大转变……

团结起来，连成一片光，去照亮整个社会

2020年年初，全国疫情暴发。公司的生意受到很大影响，有的人选择离职。这时，家里人也催我回去，毕竟我已经出来4年多了，其实自己也想回家。我在纠结要不要辞职，因为还没想好回广州后做什么，心里其实没有底气。

2020年11月，在朋友的推荐下，我报了薇安老师的课。她说："你好了，世界就好了。"这句话直击我的心灵，让我热泪盈眶。

是的，我们也许无法彻底改变社会上的一些恶习，但是如果每个人都做好自己，以身作则，我相信星星之火，可以燎原。就像我一直坚持健康饮食，默默地影响了身边的很多朋友一样。

薇安老师就像一束光，照亮身边的人，我很想靠近这束光！

可是，报薇安老师的私董需要6位数的学费，之前我没有试过花这么多钱学习，我想家人与朋友也一定不能理解我的做法，他们一直都说我跟其他90后的女孩不一样，走不寻常的路线。最后，我选择相信薇安老师。

她能够帮助数以万计的来自全球各地的学员实现人生价值，拿到成果。而更重要的是，在线下课上看到她本人时，我就有一种亲切与温暖的感觉，能真切感受到她在教育事业上的正心正念。她是一位真正以生命影响生命的人生导师！

我一向都是一个有主见的人，内心认定的事就一定会去做，于是，我成为薇安老师最年轻的私董！因为有了薇安老师这样的人生导师，我有了辞职的底气。老师也是在广州，我们有很多见面的机会，这也算是一种缘分。

因为薇安老师，我走入新女性创造社，在这里，我认识了碧云老师和晓文医生。

碧云老师是薇安老师的嫡传弟子，一位百万个人品牌创业导师，曾帮助1000多个人实现5～7位数的价值变现。

晓文医生曾在三甲医院工作10年，是一名儿童身高科学管理专家。她是医学领域的专家，培养、孵化了1万多个家庭健康管理师。

一提到健康领域，我的心就会很向往，仿佛有一股力量推动着我前进，去靠近与自己同频的人。后来，碧云老师与晓文医生联合创办了健康轻创研习社，这是一个健康轻创IP孵化平台。我知道后，第一时间报名，成为健康轻创研习社的第一个会员，也是目前最年轻的会员。

"现在90后太了不起了，年纪轻轻就懂得学习、提升自己！"晓文医生常常夸我。碧云老师也觉得我是一个靠谱的年轻人，于是让我担任健康轻创研习社的主理人。

我们有一个健康轻创IP孵化计划，致力于要帮助全球华人家庭实现"一家一师"（一个家庭有一个健康管理师）的梦想。以互联网连接全球，通过教育传播健康理念。

经过半年的学习与沉淀，我成为一名健康美食IP孵化导师。我一直觉得我与健康饮食有着深深的缘分，我希望可以通过饮食调节，让人们减少生病。

我忘不了爷爷肿得发胀的腿，忘不了爸爸的忠告，忘不了在化学课上老师提到的氢氧化钠……

我希望带动身边的人关注健康，并且在日常生活中行动起来，慢慢地影响更多人，为推进健康中国建设尽一份微薄之力。

毛主席说："世界是你们的，也是我们的，但是归根结底是你们的。你们青年人朝气蓬勃，正在兴旺时期，好像早晨八九点钟的太阳。希望寄托在你们身上。"

也许年轻的我们现在力量还比较小，不足以改变什么，但我坚信，只要我们有理想，并勇敢行动，团结起来，连成一片光，就可以去照亮整个社会，驱逐角落的黑暗。

最美的风景在路上

这个社会有太多的诱惑,年轻的我们要有足够的定力,才能按照自己心中的蓝图去发展。关于成长,我有以下三点经验想与你分享,希望能给你带来一些启发。

在这个世界上,你是独一无二的

蒙田曾说过:"世界上最伟大的事,是一个人懂得如何做自己的主人。"

在倡导独立、做自己、活出自己的今天,这依然不是一件容易的事。在很多人眼里,我就是个奇怪的90后,是家人眼里的"野小孩",同龄人眼里的"异类",同事、朋友眼里的"果大胆"。

因为,当家人都希望我找一份安稳的工作,早日结婚生子时,我却选择了去饮食习惯和生活习惯迥异的异省工作。我至今还记得,前公司老总在与我沟通时,很认真地问我:"你想好了吗?真的可以接受去河南?"我想都不想就点了点头。

他说,广州人都比较安逸,特别是你们90后这一代,会选择跨省长期出差的广州人少之又少。别人都挤破头去广州,你却愿意走出去。

因为我坚信,最美的风景在路上。只有走出去,遵循内心的声音,做自己喜欢的事,我才能看到世界的无限可能,同时无畏外界的质疑、不理解,甚至批评。我想去看看,在世界另一个地方的人,他们有着怎么样的生活方式和赚钱方式。

我们都是大自然的一员,却以不同的姿态享受着大自然给予我们的一切。我对这个世界充满好奇,我要用我的脚步去丈量它,去揭开它的多面性。

当同龄人都做着一份有固定收入、朝九晚五的工作时,我却选择了不断折腾、不断挑战自己,因为我坚信,我虽平凡,但只要通过努力,就能给平凡的生活创造精彩。

你是谁,只有你自己说了算!

在出差期间,我到过这样一个地方,这里的女孩一般18岁就结婚(这可是我还在读书的年龄呀),只要到了23岁还没嫁出去,就会被骂"丢人"。生活在这里的很多女孩,因为文化水平有限,没有接受过太多的教育,只能接受家里的安排,盲婚哑嫁!

我心想,这都什么年代了,居然还有父母这么落后,觉得自己的孩子23岁嫁不出去就是整个家族的耻辱。我瞬间明白了认知的重要性,那句"读书可以改变命运"在我脑海里不断回荡。幸好我的父母一直鼓励我好好读书,并给我创造了那么好的学习、成长环境,不然,我无法想象,现在的我会是怎样的一个人。

人生最大的悲哀莫过于别人替自己选择。只有自己掌握自己的命运,才能做一个幸福、独立的人。很多时候,我们需要的,只是坚持做自己而已。

如果活着只让我做三件事,那么我会选择读书、工作和旅行

培根先生说过:"知识就是力量。"

多读书,不仅增长了知识,还可以让你感到浑身充满了一种力量。这种力量可以激励你不断前进、不断成长,勇敢面对困难。

同样,工作的喜悦,无可替代。如果你很热爱你的工作,你会发现工作的快乐在于攻克难关的那一刻,所以工作的喜悦也并非玩乐所能替代的。

如果你只把工作视为获取物质资料的手段,那就太令人难过了。因为不管什么职业,都是一种向社会学习的途径,都是一个促使自身成长的

舞台。

真正塑造人格的并非天资和学历,而是所经历的挫折和苦难。

纵观体育界,也是如此。历经挫折、克服万难的运动员,往往散发着人格魅力。换而言之,阅历就如同人生路上的车辙,构成了人格的图谱。

为了提升心性、丰富心灵,就必须努力工作。我认为,只有这么做,才能给自己的人生增添光彩!

很多人都有很远大的抱负,力图成就一番伟业;也有人会抱有侥幸心理,以为耍点小聪明就能瞒天过海,升职加薪。但我想说的是,千里之行,始于足下。任何梦想的实现,都少不了看似平凡的努力。如果不脚踏实地,梦想只能沦为空中楼阁。

人生之路没有像自动扶梯那样的便利工具,只能依靠自己,一步一个脚印地前行。对此,不少新一代年轻人不以为然,认为一步一个脚印实在太慢,照此速度,一辈子都无法实现梦想。

但你有想过积累的力量吗?一步步的积累会产生魔法般的效果,最终实现从量变到质变的飞跃。

通过看似平凡的努力积累,能够取得成果,从而树立信心,唤起更为强烈的奋斗意志。通过这样的循环,在不知不觉中,便已取得原本无法想象的成就。

我就是一个活生生的例子。

一个发誓一辈子都不干销售的人,在读书和选择就业上都避开了销售,今天却可以在朋友圈实现自动成交,可以进行线上、线下的各种销讲。我在销售上所取得的成就,就是从0开始,一步步积累起来的。

行走在世间,在工作上或生活上,大大小小的困难无法避免。有的也许可以轻易克服,有的则令人望而生畏。选择正面击破,还是绕路而行,不同的选择造就了不同的人生。

我就是在销售这件事上,选择了正面击破,所以才有了现在这个冲破限制的我。在工作这件事上,让自己爱上工作,仅这一点就能让人生硕果累累。

《一生的资本》一书的作者奥里森·马登,他有一个好朋友,是个成功的商人。这个商人每天花两三个小时就能处理完公司的一切事务,有很多时间出去旅游、放松自己。

人们以为,他位高权重,可以把事情分配给别人做,所以才有时间去休息,但是跟他一起工作的人知道,他精力极为充沛,工作效率非常高,工作两三个小时的成果相当于别人工作八九个小时。

这个商人深知,一个人如果整天在同样的环境中做着同样的工作,很少休息,也很少参加娱乐活动,就很容易失去工作的热情,事业也会走向衰落。一个人如果一直过着一成不变的生活,做着一成不变的工作,才能就会早早枯竭。

美国有一句谚语:"杰克老是工作,不出去玩,结果变成了笨孩子。"

适当的休息和运动,是让你的身体得到休整的最佳方法。如果你觉得身心俱疲,生活中的任何事情都让你毫无兴致,这时,就应该增加自己的休息时间,或是到绿地里走一走,散散步能让你迅速振作起来,重拾快乐。

也可以选择整理行囊,来一场说走就走的旅行。因为如果不出去走走,就会以为这就是世界。旅行,是无趣生活里的不期而遇,是平凡生活中的一道绚丽彩虹。

在旅行中,看到越多,思考就会越多,眼界就会越宽,原来这世界的风光这么不同。当阅历多了,见识广了,你的气质和涵养也会自然发生变化,那是一种由内而外的魅力,是一生都会与之相伴的东西。

当跨越千山万水,当独自面对陌生、未知的世界,当经历过人生的第一次徒步、第一次蹦极、第一次潜水……你会发现,原来一切都没有那么艰难,成长有时候就在一瞬间。

旅行,是一场自我修行。当你了解了世界之大,就会更加清楚自己追寻的是什么,你会从中学会随遇而安,从中学会坦荡生活,从中找到那个不一样的自己。

所以,选择定期旅行,是你遇见自己最好的方式。

爱自己是终身浪漫的开始

美国作家比尔·布莱森曾说:"人体是一个奇迹,地球上大部分最高明的科技都存在于我们体内。"

当你读这篇文章时,你的身体也在忙碌着:肺要吸入、呼出300万亿个氧气分子,睫毛为你挡住了几千个螨虫。我们每天都要眨眼睛1.4万次,相当于醒着的时候有23分钟眼睛是闭着的。而大脑更是宇宙中最神奇的东西,它的成分中80%是水,其余是脂肪和蛋白质,却能思考最难的问题,创造众多文明的奇迹。

"身体是我们最亲近又最神秘的朋友,隐藏着无数我们不曾了解的秘密。"

有一句话是这么说的,成年人的崩溃都是累积之后的爆发。之所以会崩溃,是因为人都有七情六欲,累积到爆发有一个过程。在这个过程里,心灵受到了委屈,于是在某一个点,因为一句话、一首歌,或者一件小事冲破防线,彻底崩塌了。

现在的人都很忙,忙着努力,忙着赚钱。随着社会工业化程度的提高,完全靠体力谋生的职业越来越少,用脑力代替劳力已经是社会发展的趋势。这里说的脑力不单单指利用智力,还包括情商,也就是我们说的用心、动感情,这些加在一起,足以使很多的人长期处于忧思状态。

在中医上,忧思这种情绪是跟心相关的。在五行排序中,心是脾之母,火生土,心生脾,心总是忧虑着,就要被耗伤。

同时,由母及子,忧思就直接伤脾,这是思虑人群的通病,这也是为什么各种癌症的发生率在不断提高,它和现在的人因为各种原因,包括身体及心理方面的因素导致状态极度紧绷有关。

你意识到了吗?当你忙着赚钱的时候,无形中忽略掉了健康,这里的健康是指身体的健康和心理的健康。

所以,请你静下心来想想,我们努力地活着,不就是为了活出生命的质量吗?如果一路为了拼命赶路,而忽略了沿途的风景,那你拼命的意义在哪里呢？

从现在开始，投资自己的健康吧。赚钱虽是成年人基本的体面，但是通往诗和远方的路上，需要情怀，更需要盘缠，身体健康才是你最大的盘缠，你认同吗？

如果没有健康的体魄，你将无法把自己的梦想变为现实。

有些人为了省下几个钱，总是匆匆吞下缺乏营养的快餐，而这种所谓的俭省，其实是一种最糟糕的浪费。因为未来你要为健康付出的成本，会远大于吃饭省下来的钱。

一个人必须好好对待自己，好好保护自己的身体，这样才能有所成就。储备丰富的体力和精力，作为日后获取成功的资本，才是最划算的做法。

我给自己投资健康的方法很简单，就是学习+践行。

我跟随医学专家，持续学习健康知识，在每日生活里践行，比如一日三餐如何搭配着健康地吃，比如用我过往所学的专业知识挑选优质食材，远离有害食品，比如不同季节去不同的城市，品尝时令蔬果，大自然给予的就是最好的产物，我们只需按照自然规律来采摘就好了。

当你学会读懂自己、爱自己的身体时，才是真正的爱自己。生命之精彩，不在于你呼吸的次数，而在于那些能令你屏息的时刻。

我命由我不由天，我是小叶子，我为自己代言！

最后，我想将一句话，送给新时代的女性和新时代里不一样的90后，愿你们足够独立，足够清醒，能享受最好的，也能承受最坏的。

如果你也想像我一样，成为一个真正爱自己身体与心灵的人，同时，还想把这种健康的生活方式带给更多的人，提升别人的健康意识，为建设健康中国出一份力，欢迎你来找我。

我愿与你携手，实现全球化的人"一家一师"（一个家庭有一个健康管理师）的梦想。

我在这里等你！

结束语

你能影响多少人，
你的成就就有多大。

——薇安